零售精细化
管理手册

廖永胜 赵亚豪

编著

《零售精细化管理手册》是一本解决零售主体在经营和管理过程中流程不清晰、制度不明确、缺乏有效工具手段等问题的实用型工具书籍。作者通过20多年零售行业的丰富积淀为读者绘制出了零售行业的全貌版图，匹配精细化的流程工具，帮助读者在实际零售运营中游刃有余、事半功倍。

《零售精细化管理手册》通过营销、流通、制度等环节为读者精准剖析零售主体在经营过程中所遇到的问题，并提供有针对性的解决工具，是零售主体在实际运营当中不可或缺的重要工具书籍，能有效解决各环节流转问题，同时大幅提升工作效率。

零售行业的更替将马上到来，陈旧的思维与模式将必然被时代所淘汰，《零售精细化管理手册》将助力企业快速完成时代变迁，成为企业量化工作中的"新华字典"。

图书在版编目（CIP）数据

零售精细化管理手册／廖永胜，赵亚豪编著. —北京：机械工业出版社，2020.3

ISBN 978-7-111-64787-4

Ⅰ.①零… Ⅱ.①廖…②赵… Ⅲ.①零售业-商业管理-手册 Ⅳ.①F713.32-62

中国版本图书馆CIP数据核字（2020）第029064号

机械工业出版社（北京市百万庄大街22号　邮政编码100037）
特约策划：曹翊丹　　　　责任编辑：坚喜斌　李佳贝　刘林澍
策划编辑：坚喜斌　　　　责任校对：李　伟
责任印制：孙　炜
北京联兴盛业印刷股份有限公司印刷

2020年4月第1版·第1次印刷
170mm×242mm·8.75印张·2插页·133千字
标准书号：ISBN 978-7-111-64787-4
定价：62.00元

电话服务　　　　　　　　　网络服务
客服电话：010-88361066　　机　工　官　网：www.cmpbook.com
　　　　　010-88379833　　机　工　官　博：weibo.com/cmp1952
　　　　　010-68326294　　金　书　网：www.golden-book.com
封底无防伪标均为盗版　　　机工教育服务网：www.cmpedu.com

序　言

2016年11月11日，国务院办公厅首次印发了针对零售业的《国务院办公厅关于推动实体零售创新转型的意见》。这份文件的出台，代表着国家对电商和实体零售的重视。

以2020年为未来零售元年，未来的商业形态将出现厚利、消费的精准化、资产证券化等特征。

商业的本质其实很简单，就是给客户提供有独特价值的服务或产品，同时实现收益。获得收益的多少，只取决于提供价值的大小，和其他任何因素都无关。商业正在越来越接近这个逻辑。

然而，目前的办公自动化系统、流程管理、财务管理等信息化平台已无法满足新型零售实体的管理需求。同时，市场上现有的零售管理类书籍大多停留在理论上，而且太过零散，在实践中往往不是制度欠缺就是流程缺失，各类表格也散落在各类工具书籍中。

本书汇编了实体零售在经营和管理过程中的各类制度、流程、表格等实用工具，是作者20多年零售实践经验的总结。同时，随着零售业的第四次升级，对以往管理工具和表格进行了调整汇编，希望为国内广大的中小型零售商提供完整实用的工具，助力企业拥抱第四次零售业的财富浪潮。

中国经济的三个核心阶段

第一阶段（1992—2002年）暴利时代

1992年邓小平南方谈话，中国开始转入市场经济阶段。这个转型使社会发生很大转变。

在那种情况下，一旦可以自由生产和买卖，必然会造成社会物质产品的大爆发，伴随的就是财富的暴涨，所以改革开放一到来，中国经济很快进入了暴利时代。因为社会需求的口子如同河流决堤，一下子被打开了，需求远远大于社会的生产能力。这个阶段的经济特征是"以产定销"，生产什么都可以卖出去。市场的活力得到很大程度的释放，人们的生活改善了很多。

这是一个小批发、小零售的阶段，这个阶段一直维持到2002年。

第二阶段（2003—2012年）从"以销定产"到薄利时代

从2003年开始中国经济进入大批发、大零售阶段，也可以说是"以销定产"，渠道商先从品牌商那里订货，订货之后再去卖货，消费者根据自己的需求和喜好去选购，在市场需求的刺激之下，商品的品类越来越丰富，于是有的商品就形成了所谓的品牌。这种品牌是野蛮生长下的产物，是被动出现的，而不是主动开创出来的。

2003年，中国发生了两件大事：第一件事就是非典，那时我读高三，整个学校都封了，家长只能隔着学校围栏给学生送饭，那情形有点壮观，弄得人心惶惶。第二件事就是阿里巴巴推出了淘宝，易趣几乎也在这一年在中国开始爆发增长。

为什么这两件事有一定的联系呢？因为电商的爆发使大家意识到：哪怕我足不出户也可以买到自己想要的东西，加上非典事件，让大家感觉到了电商的优势。

2006年，易趣宣布将部分股份卖给TOM，退出中国市场，从此淘宝开始一统江湖。

电商开始越来越深刻地改变了我们的生活，从经济结构上讲，这也促使商业从大批发阶段进入薄利时代。

商场卖的衣服定价基本都是成本的8倍以上，也就是100元生产的毛衣，最少要卖到800元，如果低于8倍就会亏损。因为商场需要做活动，1元当作2.5元用，相当于打4折，之后商场要扣掉30%的费用，再加上12%的团队工资，还要扣掉税，基本没剩多少利润。同样的衣服厂内购买只需要付1/8的价格，而实体门店比如专卖店，则最少是成本的四到六倍，就是这个道理。这就产生了电商和代购的生存空间。

电商压缩了利润环节，让生产者和消费者直接牵起了手，无论是小批发还是大批发，以前一件成本 100 元的东西，即便是最低折扣价卖到消费者手里也要 300 元左右，去掉中间环节之后，100 元的东西只能卖到 120 元至 150 元，而且商家的信息都在一个页面呈现，消费者可自由选择，商业竞争变成了赤裸裸的价格战。

更重要的是，电商彻底打乱了原来的大批发产业链，原来生产者、品牌商、物流商、渠道商、批发商、零售商都各赚各的利润，每一个人除了上述角色之外，同时还都是社会的消费者，大家你来我往、互惠互利，社会以既定的逻辑运转。而电商时代，这一切都变了。

第三阶段（2013—2019 年）混沌时代

这 6 年时间，是中国经济最纠结的阶段，为什么这样说呢？

首先，传统实业不断地倒闭，一大批企业在吃老本。大家都找不到方向，很迷茫。而电商在淘汰了一批企业之后，自己也开始渐入困境，大家都低价，已经无利可图，甚至十家网店只有一家赚钱，其他九家都亏损，线上的红利已经快被分完了。

怎么办？我们不要忘记，电商还有另外一个优势，作为新兴产业，可以吸纳社会资本，电商一直在不断做尝试，比如京东不断投入资金去做物流体系、顺丰开始做线下连锁、阿里开始收购银泰，它们的战场从线上转入线下，从蓝海市场变成红海市场。

与此同时，由于生产和消费的持续脱节，产能过剩也出现了，这让实业倒闭的速度加快。随着消费能力的下降，加上需要承担库存，经销商订货速度放缓，所以这 5 年我们积极推出新概念，比如互联网思维、O2O 等，似乎只有这些新概念才可以应对库存问题。

这就是混沌的商业状态，这种状态一直持续到 2019 年。

我常常说 2019 年是大破之年，2020 年一定是大立之年。因为物极必反，既有盛极而衰，也有否极泰来。

我们从零售角度来分析一下未来商业的状态，因为 2020 年也是未来零售元年。

未来零售的八个特征

厚利时代

世界上有一种能够让人忘记成本、忘记渠道、忘记价格的东西，就是被我们津津乐道的各种世界名牌。

世界名牌的特点之一，是具有传承价值，我们总能找到它本身的传承文化、增值文化和创造文化，因此成本100元的东西可以卖到1000元甚至10000元。如果认真追溯的话，欧洲的奢侈品大部分都来源于文艺复兴时期，伴随着国家的经济增长到一定程度，文化输出是必然的，文化输出又是附着在一定的实体产品上，所以这些品牌有一定的文化附加值。

品牌一定是跟文化联系在一起的，而文化影响力是和经济实力紧密联系的。

文化可以增值多少？100元的东西卖到10000元都是有可能的，一张宣纸只需要几分钱，请著名书法家写几个字，可以卖到几十万元甚至几百万元，这就是文化的附加值。

对实体店来说，另外一个拉高价格的办法就是增加体验，比如很多餐厅在你吃饭的时候都有特色舞蹈表演，这就将买卖关系升级为一种服务关系，也是一种提升产品附加值的表现。

消费的精准化

薄利时代压缩了所有的产供销环节，挤垮了一批暴发户。所以接下来消费一定会趋于理性，趋于精细化，能不能更加精确地找到消费者变得至关重要。优衣库、无印良品等品牌的崛起，根本原因就是品牌定位的成功。

未来消费需求会越来越精准化，要想找到消费者，传统方式显然太落后了，一定要通过大数据和云计算去匹配。

资产证券化

从经济学的角度来讲，生产总量×商品价格＝货币发行量×货币转数。

什么是货币转数呢？银行借给一个人100元，然后那个人将100元还给银行，这就是货币转了一圈。在生产总量和商品价格一定的情况下，货币转数越低，货币发行量越高。所以下一轮经济增长离不开提高货币的转数，也就是离不开资产证券化。

资产证券化和消费金融一定是未来整合发展的趋势,它的本质是提高社会运作效率。

市场在细分

传统零售先后经历了:小批发、大批发、品牌、商场、专卖。这一路径是随着城镇化的发展而发展的。

电商也先后经过了几个时代,第一个阶段是淘宝,各种批发商直接线上卖货;第二个阶段是天猫(品牌店)、京东成了巨无霸。除非是细分市场,专做库存就成了唯品会、专做化妆品就变成了聚美优品、专做T恤就变成了凡客、专做书就成了当当。但随着细分市场的不断增多,以及大平台上商家的出走,电商这个大一统的市场正逐渐走向细分。

既然传统商业和互联网的发展都是这样的趋势,那就说明细分是时代的诉求。

一切以消费者的需求为出发点

无论是企业还是银行等组织单位,最终都要依托于零售才能实现全产业链的变现,一个企业如果生产一件成本是100元的商品,到了渠道商最少卖200元,再到消费者手里最少是400元。在这条价值链上,前面的100元是实体产业创造的,中间的200元是服务业创造的,制造、能源等行业都依靠前面的100元环节,我们最初关注的就是这100元,后来我们发现,真正拉动消费的是那200元的环节,只有把这个环节做大做强了,才能拉动经济增长。

只有零售和终端稳定发力,渠道商、服务商、生产商才会被拉动。

从"互联网+"到"+互联网"

经过这几年的探索,我们终于发现一个道理:"互联网+实业"这条路是走不通的,因为它颠倒了主次,只能产生虚拟经济的泡沫,因为互联网没有创造实际价值。只有实地开发地球的天然资源,或者用劳动技能去加工,才能创造出实际价值,互联网只能提供重新分配的平台,应该是配合性的。

"实业+互联网"这种逻辑强调的是要注重互联网的应用,"饿了么""滴滴打车"等都是这样的,没有餐馆,"饿了么"不行,没有车,"滴滴打车"也不行。

所以，很多人搞电商和微商、做平台，往往以失败告终，核心的问题就是脱离了实体。

纵队变成横队

我们都知道，在排队的时候，个头矮的人容易被忽视，有没有小动作也是不清楚的；也容易出现多米诺骨牌效应，其中一个环节倒下就全盘皆输。

这个逻辑映射到产业链上是这样的：消费者面对的是渠道商，渠道商面对的是品牌商，品牌商面对的是生产商，生产商看的是技术，技术上面是资本，资本之上是金融，经过层层隔离，作为消费者想要看清整个产业链，是很困难的。

可现在不同，信息越来越公开，无论你处在哪一个环节，你的信息和你掌握的信息几乎都是公共的，于是纵队变成了横队。队列横过来，个头高矮就一眼能看清楚，大家一起来面对所有人，这时要想知道产品如何加工、哪个环节有问题、哪个环节在做小动作也会变得很容易，所以会形成自然淘汰。开放化是整个世界的大势所趋，企业结构也是如此，你的股东、你的员工、你的渠道、你的商品往往都是开放的，让品牌共营、渠道共享、流量共联，我们必须适应开放的大环境。

与此同时，你的利润基本上大家心里也都清楚，但是大家为什么还会让你去赚这个钱？因为大家认可你的价值，未来一定会进入价值决定一切的状态，一定是专业的环节由专业的人做，你要成为无可取代的人。

只要你有技术，就能找到消费者；只要你有资本，就可以去实现你的想法；只要你形成了模式，就可以建立价值通路，再借助金融的力量，就可以做渠道通路。于是新的产业就产生了，未来的商业就是这么简单。

各个环节都有各自的产业工人，做品牌的企业有办公团队，技术企业有IT员工，这些人都是平行且独立的，但大家都需要解决衣食住行，都是产品消费者，如此循环推动产业运转。当然这里还有一个问题，既然纵队变横队了，那么离消费者越近，谁就越有发言权，当然也最有钱可赚。

三点确定一个商业模式

数学上,两点可以确定一条直线,三点确定一个平面。

商业的本质是面,不是直线,更不是点。也就是说所有商业模式的成立都需要三个点,第一个点:你提供的服务是什么?第二个点:你的消费者在哪里?第三个点:你的通路该怎么建立?

往往很多人有一个点的时候就去创业了,还有很多人只知道自己的产品好,可以卖给谁,但这也只确定了两点,只能确定一条直线,之后还是有无限的可能,所以必须要抓到第三个点。

今后创业,如果不能从全局去考虑,理清整个产业链或者供应链的逻辑,贸然地进行一定会失败。

目 录

序言

第1章　营销中心 / 1

    1.1　组织架构 / 2

    1.2　岗位职责 / 2

    1.3　绩效管理 / 5

    1.4　工作制度 / 7

    1.5　出差工作套表 / 8

    1.6　如何认识经销商 / 13

    1.7　选址评估报告 / 18

    1.8　开店申请表 / 24

    1.9　开店实物照 / 25

第2章　流通计划部 / 26

    2.1　流通计划部例会制度 / 27

    2.2　货品安全管理制度 / 29

    2.3　货品安全承诺书 / 35

    2.4　采购入库流程 / 36

    2.5　道具入库流程 / 37

    2.6　订、补单发货流程 / 38

    2.7　经销合同及数据更新流程 / 39

    2.8　库存盘点规定 / 40

    2.9　商品出库流程 / 41

    2.10　商品价格检查流程 / 42

    2.11　商品调拨管理制度 / 42

2.12 商品退库流程 / 45

2.13 商品退还供应商流程 / 46

2.14 商品运输流程 / 47

2.15 终端收货、验货规定 / 47

第3章 人事制度 / 49

3.1 人事管理制度总则 / 50

3.2 考勤制度 / 52

3.3 人事档案套表 / 57

3.4 加班申请单 / 60

3.5 请（休）假申请单 / 60

3.6 外出审批单 / 61

3.7 调档提请函 / 61

第4章 行政制度 / 62

4.1 员工日常行为规范 / 63

4.2 月度事务自评表 / 66

4.3 公司用车管理制度 / 67

4.4 广告制作流程 / 75

4.5 直营终端物品管理流程 / 77

第5章 财务制度 / 78

5.1 货币资金管理制度 / 79

5.2 财务安全担保协议书 / 85

5.3 印章管理办法 / 87

5.4 印章保管人员担保协议书 / 89

5.5 印章使用登记簿 / 91

第6章 终端管理 / 92

6.1 直营店导购薪资核算规定 / 93

6.2 直营终端人力资源管理流程 / 96

6.3 门店月度绩效汇总表 / 97

6.4 直营网点开业前后分工流程 / 98

6.5 装柜工作流程 / 99

6.6 撤柜工作流程 / 100

6.7 门店装修及道具供应流程 / 101

6.8 广告申请单 / 102

6.9 VIP 登记册 / 103

6.10 终端服务确认函 / 104

6.11 终端服务回访单 / 104

6.12 终端销售业绩汇总流程 / 105

第7章 直营店管理套表 / 106

7.1 店长岗位变动表 / 107

7.2 店长能力分析表 / 108

7.3 店长/店助合同评核表 / 109

7.4 店长/店助休假申请表 / 112

7.5 店助岗位变动申请表 / 113

7.6 导购合同评核表 / 114

7.7 导购星级调整表 / 116

7.8 职位申请表一 / 117

7.9 职位申请表二 / 119

7.10 辞退申请书 / 120

7.11 离职申请表 / 121

7.12 导购休假表 / 122

7.13 调（离）职移交表 / 123

7.14 终端人员调（离）职移交清册 / 124

7.15 暂居外地人员就医申报表 / 125

7.16 个税申报表 / 126

CHAPTER ONE

- 第 1 章

营销中心

1.1 组织架构

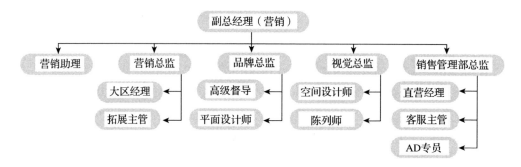

图1-1 营销中心组织架构图

1.2 岗位职责

1.2.1 营销助理

1. 负责各部门出差计划及外出工作事宜的审核与监管。

2. 负责全国省级代理、终端、VIP客户数据的整理与安全管理。

3. 负责全国订货会物料的准备及时间安排。

4. 负责外出人员的考勤与公司内务的衔接工作。

5. 负责各部门各项费用指标的警示及监控。

6. 团队活动经费的管理与使用。

1.2.2 营销总监

大区经理

1. 负责各省级代理公司化经营的指导、服务。

2. 负责各省级代理的优胜劣汰及绩效大会的组织。

3. 代表各省参加公司各季订货会,审核各省货品订单及订货定金、提货款的催缴。

4. 负责各省级公司各部门流程化、制度化建设。

5. 负责各省网购现象、窜货、假冒产品的督察与监管。

6. 负责制定各省销售指标、利润指标、市场覆盖率、市场占有率等各项评价指标。

7. 负责各省客户的业务洽谈以及合约签订。

拓展主管

1. 负责各省商务团队的建设、培训与指导工作。

2. 负责指导各省商务人员进行商务谈判及终端布局。

3. 负责按总公司要求完成各省终端拓展。

1.2.3　品牌总监

高级督导（营运督导、高级督导、资深督导）

1. 负责各省督导的培养、培训及指导工作。

2. 负责全国专卖店开业、节日、特卖的策划、组织与指导。

3. 负责根据公司的统一安排，落实各项活动的组织与实施。

4. 协助品牌总监巡回组织各场订货会。

5. 负责修订每年的"终端业绩地图"。

6. 负责终端门店音乐、香氛的标准化。

平面设计师

1. 负责修订公司的《品牌手册》。

2. 负责公司 VI 系统的建设。

3. 负责全国各类活动 POP、易拉宝、海报的图样设计。

4. 负责全国各类型广告的洽谈、设计与监管工作。

5. 负责全国订货会物料的组织、会场图样的设计。

1.2.4　视觉总监

空间设计师（空间设计师、高级设计师、资深设计师）。

1. 负责公司 SI 系统的建设。

2. 负责各终端门店装修设计、施工指导及验收工作。

3. 负责与道具厂商沟通协调，准时向省级代理（终端）提供各类道具。

4. 负责订货会会场、展厅的视觉设计。

5. 负责协助陈列师完善、制作《终端视觉和陈列手册》。

6. 负责各终端形象的升级。

陈列师（首席陈列师、陈列师）

1. 协助视觉总监巡回组织各场订货会。
2. 负责全国订货会的主持、订货展厅的陈列工作。
3. 负责指导、培训各省督导陈列知识。
4. 负责修订公司每年各阶段的《终端视觉和陈列手册》。
5. 负责各阶段标准陈列的执行与监督。

1.2.5　销售管理部总监

直营经理

1. 负责公司电子商务平台的经营及网络推广工作。
2. 负责组织、主持月度网络评选及颁奖活动。
3. 负责通过网络平台制定及指导各月度、季度常规活动。
4. 负责通过网络团购平台消化公司上一年度库存。
5. 负责直营地区终端的营运及管理。

客服主管

1. 负责终端消费客户的投诉处理。
2. 负责各终端门店投诉处理。
3. 负责受理客户对公司工作人员的投诉。
4. 负责组织、主持网购严打工作。
5. 负责组织打击窜货及假冒、伪劣产品，维护品牌形象。
6. 负责收集、反馈省级代理及区域周边市场同类竞争品牌的销售动态。
7. 负责收集省级代理及区域促销活动及促销效果。

AD 专员

1. 负责掌握货品进仓及各省、终端的配发货。
2. 负责补货部分货款的催缴及授信手续的办理。
3. 负责协助客服主管与直营经理完成电子商务平台的营运与品牌形象维护。
4. 负责终端销售数据的汇总、统计与排行，定期或不定期提供销售数据报表。

5. 负责各省（终端）退换货、残次货品的受理、结算。
6. 负责定期或不定期与仓储部门进行进、销、存的核对。
7. 负责定期或不定期与财务部门进行进、销、存的核对。

1.3 绩效管理

表1-1 营销中心绩效考核表⊖

部门	岗位	年薪（元）	基础月薪（元）	春夏绩效40%		秋冬绩效60%		年终奖励（年利润）
				春夏40%	春夏职能60%	秋冬40%	秋冬职能60%	
	营销助理	150000	10000	300000件	30%签约率	400000件	40%签约率	2‰
营销部	营销总监	300000	15000	300000件	3000万元回款	400000件	4500万元回款	5‰
	大区经理	150000	10000	40000件	500万元回款	60000件	700万元回款	3‰
	拓展主管	100000	5000	300000件	3000个意向客户	400000件	4000个意向客户	1‰
品牌部	品牌总监	300000	15000	300000件	每1%退货扣20%绩效	400000件	每1%退货扣20%绩效	5‰
	资深督导	150000	8000	300000件	每1%退货扣20%绩效	400000件	每1%退货扣20%绩效	3‰
	高级督导	120000	8000	300000件	每1%退货扣20%绩效	400000件	每1%退货扣20%绩效	2‰
	营运督导	100000	6000	300000件	每1%退货扣20%绩效	400000件	每1%退货扣20%绩效	1‰
	平面设计师	120000	8000	300000件	每1%退货扣20%绩效	400000件	每1%退货扣20%绩效	0.5‰
视觉部	视觉总监	250000	15000	300000件	-10%投诉	400000件	-10%投诉	3‰
	资深设计师	150000	10000	300000件	-10%投诉	400000件	-10%投诉	0.5‰
	高级设计师	120000	80000	300000件	-10%投诉	400000件	-10%投诉	0.5‰
	空间设计师	150000	10000	300000件	-10%投诉	400000件	-10%投诉	0.5‰

⊖ 表中数据仅供参考。

（续）

部门	岗位	年薪（元）	基础月薪（元）	春夏绩效40%		秋冬绩效60%		年终奖励（年利润）
				春夏40%	春夏职能60%	秋冬40%	秋冬职能60%	
视觉部	首席陈列师	120000	80000	300000件	-10%投诉	400000件	-10%投诉	2‰
	陈列师	100000	6000	300000件	-10%投诉	400000件	-10%投诉	1‰
销售管理部	销售管理部总监	200000	12000	300000件	20000件老款	400000件	30000件老款	3‰
	直营经理	150000	10000	20000件老款	4000件新款	30000件老款	6000件新款	商城利润10‰
	客服主管	120000	8000	300000件	3000万元回款	400000件	4500万元回款	1‰
	AD专员	100000	6000	300000件	3000万元回款	400000件	4500万元回款	0.5‰

绩效说明：

1. 全年年薪扣除基础月薪（年薪－基础月薪×12个月）部分称为绩效工资。

2. 春夏季绩效工资占全年绩效工资的40%，秋冬季占60%。

3. 全年的绩效工资实施全绩效考核（直营经理除外），全国的订货件数占当季绩效工资的40%，以全国各省巡回招商会结束后、30%订货定金到位后开始申报结算。直营经理以直营终端销售订货额为依据。

4. 绩效工资中岗位职能占60%，实行不同岗位不同考核项的原则。

5. 营销助理的职能考核以各省招商会到场人数与签约人数的占比，即签约率进行核算，各省招商会结束后申报结算。

6. 营销总监、大区经理、AD专员的职能考核均以当季提货款到位后申报结算。

7. 拓展主管的职能考核以全国当季汇总的意向客户数据总数申报结算。

8. 品牌部全体成员的职能考核在当季退货结算完成后申报结算，每下降1%的退货率可领取20%的职能绩效工资。

9. 视觉部全体成员的职能考核以当季客户的投诉情况为依据，客户反馈情况后，限时整改服务不到位的，由客服主管进行登记，每次投诉扣10%职能考核，每项投诉视觉总监承担连带责任。

10. 销售管理部总监、直营经理的职能考核以商城销售的新款为依据。

表1-2 绩效工资申报表

岗位	全绩效（订货总额）	职能绩效
应完成绩效指标	件	
应发绩效工资	元	元
绩效情况说明（绩效完成情况）		
主管核实绩效		

领导审核	总经理审批	人力资源受理	财务核发
年 月 日	年 月 日	年 月 日	年 月 日

1.4 工作制度

1.4.1 月度工作动员会

1. 每月28日晚8:30~10:00，准时在线召开月度工作动员会。

2. 与会人员：营销总监、大区经理、品牌总监、视觉总监、销售管理部总监、营销助理及各部门总监通知的需要与会人员。

3. 缺席或迟到者每次为团队贡献50元活动经费。

1.4.2 月工作计划（月度事务绩效表）

1. 每月最后一个星期六上交下个月四周的重要事务与主要事务工作安排，并发送给直属领导、总经理及董事长。

2. 工作计划要求时间安排科学合理，完成的起止时间明确。

3. 未按时上交月工作计划者每次为团队贡献50元活动经费。

1.4.3 月度绩效总结会

1. 每月最后一个星期五晚8:30~10:00，准时在线总结当月绩效。

2. 与会人员：营销中心全体人员。

3. 开会前要求每位与会人员根据工作完成情况，完成月度"绩效自评"。

4. 缺席或迟到者每次为团队贡献50元活动经费。

1.4.4　周出差计划

1. 每周六晚6:00前准时将《出差计划表》以邮件形式发送给直属领导、总经理及董事长。

2. 出差计划要求按月度工作动员会工作安排及直属领导的工作分配合理计划，并注明所需预支差旅费数目及何时到账。

3. 未按时上交周出差计划者每次为团队贡献50元活动经费。

1.4.5　差旅报销

1. 流程：上交工作成果（数据、照片、录音）、直属领导审核、总经理签批、人力资源专员受理、财务核实。

2. 上周差旅票据报销结束（或回传《差旅费用报送单》）后，方能预支下周差旅费用。

3. 未按时按量完成工作要求的，当日差旅费用由个人自行承担。

1.5　出差工作套表

表1-3　差旅标准（超出上限部分自行承担）

岗位级别	住宿费上限	餐费标准	通信费标准	市内交通费	车程优先级别
部门总监	368元(实报)	60元/天	100元/月	票据实报	A. 动车 B. 高铁 C. 打折机票 D. 汽车/机票
大区经理	268元(实报)	40元/天	80元/月	票据实报	
服务岗位	238元(实报)	40元/天	60元/月	票据实报	
拓展主管	208元(实报)	40元/天	50元/月	票据实报	

表1-4　周出差计划申请单

_____月_____日—_____月_____日　　　　（姓名）出差周计划

出差区域名称				客户数	出行工具			出差事由	协助人数	出发时间	转站/返回时间
省份	市	城区	县/市	镇乡	目标街区		公司车辆	自备车辆	公共交通				

预支差旅金额（简要说明）	

直属领导审核	总经理签批	人力资源专员受理	本人签字	财务核实
年　月　日	年　月　日	年　月　日	年　月　日	年　月　日

表1-5 差旅费报送单

月份　　　　　　　　　　　　　　　　　　　　　　　　　　　　　　姓名

出发日	到达日	出差地区			工作事项	预支金额				结余
		市	县	区/镇		住宿费	伙食费	车票	市内交通	

备注事项	直属领导审核 年　　月　　日

表1-6 意向客户汇总表

执行人：　　　　　年　月　日

地市	市/县 区/镇	县/乡/镇	姓名	固定电话	移动电话	现经营品牌	经营年限	门店地址	类型	有效情况	扫街意向沟通情况	订货会前14天政策沟通	订货会前7天意向确认	订货会到场确认
省___														

有效客户统计

表1-7 费用报销单

月份　　　　　　　　　　　　　　　　　　　　　　　　　　　姓名：

出发日	到达日	出差地区	到达地区	工作成效（领导填写）				工作天数	产生费用				预支费用	退补金额	费用合计
				目标数	有效数	照片	录音		住宿费	伙食费	车票	市内交通			

直属领导审核	总经理签批	财务核实
年　　月　　日	年　　月　　日	年　　月　　日

1.6　如何认识经销商

1.6.1　正确认识经销商

1. 我们是通过经销商销售，而不是销售给经销商。
2. 经销商的一般问题：

（1）无法直接控制或影响经销商的销售队伍和业务运营。

（2）不愿披露任何销售和市场数据。

（3）经销商的销售人员通常对收集订单比建立品牌更感兴趣并且激励系统一般与销量相关。

3. 经销商惯用的谎言：

（1）"卖你们的产品不挣钱。"

经销商继续卖你们的产品的理由有二：无利有量或无量有利。

①第一种情况：往往是市场知名度高、销量大的产品，而这些产品的价格透明度也高，导致商家无利润或微利润，为什么他们还愿意销售呢？主要是这些产品可以带来人流、商机。

②第二种情况：往往是一些刚进入市场，知名度低的产品，虽然销量低，但商家通过独家经销来控制市场价格，仍然能获取利润。

（2）"让我做独家销售，你们说需要多少销量，我全包了。"

万一商家完不成年度目标，他只会说声对不起，这个市场风险最终还是由公司来承担。如果你说可以，但商家需预存一笔销量保证金给公司，万一完不成销量就作为对公司的补偿，相信就很少有商家愿意这么干了。

（3）"做生意，就是做人。"

大道理人人会讲，最重要的是听其言、观其行。事实上，商人最看重的除了利益还是利益，只是表达方式各有不同。

（4）"要放弃甲品牌？不行，你的乙品牌我可以再开一家门店来操作。"

如果他还要求你将乙品牌交给他独家经销，其完全有可能出于避免竞争对手拿到乙品牌的经销权与其甲品牌竞争，其实他并不会主推乙品牌，有时公司催得紧，才会象征性地进点货。

（5）"你们是大公司，亏点钱对你们来说也是九牛一毛。"

商家和公司无论大小都以盈利为最终目的，在商业行为中，双方都有各自的利益。反倒是有些营销人员对此没有清醒的认识，至少在心里会认同客户这个观点，甚至为了完成个人的销售目标，有时会对客户做无原则的让步。

（6）"某某产品广告力度很大，给我们的价格也有竞争优势，还有信用支持。"

不要相信所谓的某某产品真的会给他这么多支持，也许他对该产品的供货商说过同样的话。经销商往往会"忽略"你已做过的工作，目的只有一个：从公司获取更多优惠条件。

难缠的经销商主要有以下八种：

①人心不足蛇吞象，大包大揽（自不量力经销商）；

②明修栈道，暗度陈仓（倒爷经销商、冲窜货）；

③借花献佛，转手承包（包工头经销商）；

④投石问路，欲擒故纵（间谍经销商）；

⑤大欺客，漫天要价（欺弱经销商）；

⑥签时容易，实施艰难（占位经销商）；

⑦翻手为云，覆手为雨（无赖经销商）；

⑧夜郎自大的门外汉（外行经销商）。

市场操作的过程，是在满是陷阱的原野中寻出一条通向终端销售的光明大道，难缠的经销商有很多，但只要多从侧面了解其销售能力、资金实力和管理水平，再结合公司的产品特性，就可避免走弯路或少走弯路。

1.6.2　如何甄选经销商

1．人口数，人口分布，消费指数。

2．地理位置，交通网线，运输系统。

3．市场形态，销售客户数及其分布。

4．业种别户数，业种别销量。

1.6.3　如何评估经销商

1．经销商的经营理念和思路。

2. 经销商的网络实力。

3. 经销商的信誉度。

4. 经销商的销售实力。

5. 经销商的地理位置。

6. 经销商的社会公关能力。

7. 经销商代理其他相关产品的现状。

1.6.4 如何管控经销商

1. 合理的存货

（1）在商品微利条件下，存货的风险是很大的。存货风险主要是指变现风险与断货风险。

（2）存货积压意味着资金占用、存储调拨费用的增加，以及降价促销费用的增加。

（3）供货不足意味着断货风险、丧失销售机会，以及市场地位的削弱。

（4）减少存货风险是维护与经销商关系、提高经销商利益，以及强化获利价值链的关键因素。

（5）在分销力一定的情况下，减少各环节的存货，可加速资金周转，使用有限的资金获得更高的销售收入，可以大大提高销售毛利水平，提高经销商投资回报率。

2. 强化销售信息反馈

（1）盲目对经销商进行压货，并不能带来实际的分销力，相反使经销商的资金周转减慢，减少经销商的现金流量，降低其毛利水平。

（2）盲目对经销商进行压货，会造成经销商压低产品的价格、要求提供返利，或甩货窜货等，最终弱化公司的价值链。

（3）减少各环节的存货，有效的办法就是加强市场信息的反馈，尤其要加强"进销存""市场信息"以及"竞争对手"等信息的反馈。

（4）要对各环节的"进销存"实际状态进行实时监控，防止断货，减少积压。

3．加强对经销商的数据管理

（1）要定期对经销数据进行统计分析，尤其要分析"进销存"数据。把握数据的规律，把握商品资源的流量流向与流速，减少盲目性。

（2）依靠对一线各环节统计数据的分析，以及各环节实际要货申请，确定订货补货的计划。

（3）通过要货补货，滚动式地调整品种结构，改善货期标准，加快商品货物的周转，降低各环节的存货。

（4）逐步实现对零批环节的数据进行管理。教会经销商对"进销存"数据进行采集、整理与传递。教会经销商怎样做销售预测，怎样保持合理的安全库存，从而使公司价值链在"存货管理"上具有核心竞争能力。

4．销售计划管理

（1）数据分析：利用并分析以往的销售数据或上期的销售资料，做好销售预估。

（2）计划分解：将公司的销售目标分解后分配给经销商，在此之前必须了解经销商的销售状况，以及与计划间的差距，以便采取相应有效的对策。年初与经销商讨论上年度的销售状况，找出与本年度计划的差距，拟定解决办法。

（3）计划落实和追踪：将销售计划传达给经销商的每一个导购员；让经销商了解每一个阶段的销售重点，以期共同提升销售业绩。定期与经销商就上述计划工作进行检讨，找出差距，拟定解决措施。

1.6.5　如何服务好经销商

1．供货服务

（1）记录每次与经销商下订单的时间和送货的时间。

（2）确定产品在预定的时间内送达，这样才能有效运用"最低库存"计算准确的库存量。

（3）找出延迟送货或部分送货的原因并加以解释，取得谅解，增进信任，也显示你掌握着整个过程。

（4）在定期的业务检讨中了解每次送货的情况。

（5）与公司有关部门沟通，提高送货的及时性和服务水准，尽量避免延迟送货或部分送货的情况发生，最终影响销售。

2．供应状况服务

（1）了解产品的库存情况，避免经销商销售情况良好的产品发生断货。

（2）掌握经销商的库存情况，做好销售预估工作，通过有效的途径及时了解公司当期的仓储情况。

（3）对于供货上的突发问题，须及时将原因告知经销商并启动补救预案。

3．市场资讯服务

（1）及时收集区域内的各种天气信息、市场信息，筛选后及时向经销商提供有助于满足其业务作业需求的资讯。

（2）与经销商共同讨论所得到的信息是否能帮助经销商分析产品的某些销售表现；找出销售不佳的原因；明晰目前所销售的产品（颜色、款式、品牌等）能否满足其销售区域的需要。

4．培训服务

（1）根据公司的销售策略与促销方案，与终端营业部共同培训经销商的业务人员，注意选择正确的主题，抓住业务人员的兴趣。

（2）拟定每次协同拜访的训练主题，并让经销商加以确认，以取得经销商的支持。

（3）向经销商及其业务人员充分解答促销方案的细节（目的、方法、操作、要求、注意事项等），监督、指导促销方案的实施，达成促销活动的预期目标。

5．产品知识服务

（1）成为公司产品基本知识的"专家"，了解公司不同品牌、不同款式产品的特性，并向经销商的业务人员进行灌输。

（2）明确公司对产品的陈列标准，掌握公司产品在不同店头的陈列要求，向经销商阐述上述要求和标准以及通过陈列对产品销售所带来的好处。

（3）系统及时地向经销商介绍公司的新产品，以期形成销售新的增长点。

1.7 选址评估报告

表1-8 选址浮动系数测算表一

系数分值 类别	调查选项 科目	选择项范围 1	2	3	4	5
区域调查（30分）	区域内年人均收入（元/年）	10000~20000	20000~30000	30000~40000	40000~50000	50000以上
	区域内年人均支出（元/年）	3000~6000	6000~9000	9000~12000	12000~15000	15000以上
	区域人口总数	5万人以下	5万~10万人	10万~15万人	15万~20万人	20万人以上
	场地所属区域类型	商业氛围极差	商务办公区	经济生活区	商业街区	商业氛围浓厚
	商圈类型	没有形成商业圈	仅有一些商业性质	商业氛围浓薄	次级中心商业区	核心商业区
	商圈在城市中的位置	服装专卖场地	商业区	城市边缘商业区	百货商场	繁华商业区
	区域人口聚焦场所	0	1~5家	5~10家	10~15家	15家以上
	区域内同业种门店数量	不方便	1公里内有2条公交线	1公里内有5条公交线	1公里内有10条公交线	方便、有地铁
	交通状况	乡街道	镇街道	城区	县城	市区
商圈调查（30分）	商圈级别					
	大型商超数量（1公里范围内）	0家	1家	2家	3家	4家
	百货商场数量（1公里范围内）	0家	1家	2家	3家	4家
	便利店数量（1公里范围内）	1家	2家	3家	4家	5家
	饭店数量（1公里范围内）	1家	2家	3家	4家	5家
	酒店宾馆数量（1公里范围内）	1家	2家	3家	4家	5家
	学校数量（1公里范围内）	0家	1家	2家	3家	4家
	菜市场数量（1公里范围内）	0家	1家	2家	3家	4家
	停车场数量（1公里范围内）	0家	1家	2家	3家	4家
	电影院数量（1公里范围内）		0家	1家	2家	2家
	快餐厅数量（1公里范围内）	1家		1家		3家
	社区数量（1公里范围内）	1家	2家	3家	4家	5家

立地调查 (40分)	服装专卖店数量 (1公里范围内)	2家	4家	6家	8家	10家
	普通服装店数量 (1公里范围内)	2家	6家	10家	14家	18家
	一线服装品牌数量 (1公里范围内)	0家	1家	2家	3家	4家
	损益平衡点	低于10%	低于25%	相差5%	超过25%	超过50%
	场地位置	街巷拐角	临街当中	临街首位	三岔路口，显眼的次要位置	十字路口，十分明显的位置
	街道类型	普通街道	大中型居住小区沿街	商业街	步行街	繁华商业街
	商业氛围		商业活动少，经营氛围一般	商业活动较频繁，经营氛围较好	商业活动非常频繁，经营氛围非常好	
	聚集人口类型	无业、待业人群	低收入人群	中等收入人群	中等收入人群	高收入人群
	20~38岁人群集中度	低于10%	集中度低	集中度一般	集中度高	超过50%
	场地周边交通类型	不方便	1公里内有2条公交线	1公里内有5条公交线	1公里内有10条公交线	方便，有地铁
	立地与周边业态的互补性	非互补	不互补	低度互补	中度互补	高度互补
店面调查 (20分)	房型	很不规则	有部分不规则	有拐角	细长形	正方形
	房龄	1年	3年	5年	7年	9年以上
	营业面积	40平方米以下	40~60平方米	60~80平方米	80~100平方米	100平方米以上
	门店位置	单向街区	街道中间	三岔路口	十字路口	十字路口转角双门
	招牌可见度	5米	10米	15米	20米	25米以上
	租金	6000元/月	9000元/月	12000元/月	15000元/月	20000元/月以上
	转让费	10万元	20万元	30万元	40万元	50万元以上
	免租期	10天	15天	20天	25天	30天
人流量调查 (40分)	星期一—中午	100人	200人	300人	400人	500人以上
	星期五傍晚	200人	350人	500人	650人	800人以上

（续）

类别	调查选项	选择项	选择项范围				
			1	2	3	4	5
人流量调查（40分）	星期六上午		150 人	250 人	350 人	450 人	550 人以上
	平均客流量		500 人/天以下	800 人/天	1000 人/天	1200 人/天	1400 人/天以上
	导购人数（A）		2 人	3 人	4 人	5 人	6 人以上
	营业面积（A）		40 平米	60 平米	80 平米	100 平米	150 平米以上
实地调查的3家中业绩最好的为A，最差的为B（同业调查）（20分）	推广商品价格区间（A）		300~480 元	500~680 元	700~880 元	900~1080 元	1000 元以上
	主盈利产品价格区间（A）		300~480 元	500~680 元	700~880 元	900~1080 元	1000 元以上
	形象商品价格区间（A）		300~480 元	500~680 元	700~880 元	900~1080 元	1000 元以上
	平均月营业额预估（A）		100000 元	150000 元	200000 元	250000 元	300000 元以上
	导购人数（B）		1 人	2 人	3 人	4 人	5 人以上
	营业面积（B）		40 平方米	60 平方米	80 平方米	100 平方米	150 平方米以上
	推广商品价格区间（B）		300~480 元	500~680 元	700~880 元	900~1080 元	1000 元以上
	主盈利产品价格区间（B）		300~480 元	500~680 元	700~880 元	900~1080 元	1000 元以上
	形象商品价格区间（B）		300~480 元	500~680 元	700~880 元	900~1080 元	1000 元以上
	平均月营业额预估（B）		50000 元	80000 元	110000 元	140000 元	170000 元以上
会签分值（20分）	图纸判断（市场，商务评分，共5分）						
	现场勘察人员分值平均（满分5分）						
	会签人员平均分值（与会人员，共5分）						

表1-9 选址浮动系数测算表二

类别	调查选项		选择项	选择项范围				
	科目			1	2	3	4	5
区域调查（30分）	区域内年人均收入（元/年）			10000~20000	20000~30000	30000~40000	40000~50000	50000以上
	区域内年人均支出（元/年）			3000~6000	6000~9000	9000~12000	12000~15000	15000以上
	区域人口总数			5万人以下	5万~10万人	10万~15万人	15万~20万人	20万人以上
	场地所属区域类型				商务办公区	经济生活区	商业街区	
	商圈类型			商业氛围极差		商业氛围淡薄		商业氛围浓厚
	商圈在城市中的位置			没有形成商业区	仅有一些商业性质	城市边缘商业区	次极中心商业区	核心商业区
	商圈人口聚焦场所			服装专卖场地	商业区	步行街	百货商场	繁华商业区
	区域内同业种门店数量			0	1~5家	5~10家	10~15家	15家以上
	交通状况			不方便	1公里内有2条公交线	1公里内有5条公交线	1公里内有10条公交线	方便、有地铁
商圈调查（30分）	商圈级别			乡街道	镇街道	城区	县城	市区
	大型商超数量（1公里范围内）			0家	1家	2家	3家	4家
	百货商场数量（1公里范围内）			0家	1家	2家	3家	4家
	便利店数量（1公里范围内）			1家	2家	3家	4家	5家
	饭店数量（1公里范围内）			1家	2家	3家	4家	5家
	酒店、宾馆数量（1公里范围内）			1家	2家	3家	4家	5家
	学校数量（1公里范围内）			1家	2家	3家	4家	5家
	菜市场数量（1公里范围内）			0家	1家	2家	3家	4家
	停车场数量（1公里范围内）			0家	1家	2家	3家	4家
	电影院数量（1公里范围内）			0家		1家		2家
	快餐厅数量（1公里范围内）				0家	1家	2家	3家
	社区数量（1公里范围内）			1家	2家	3家	4家	5家

（续）

类别	调查选项 科目	选择项	选择项范围 1	2	3	4	5
商圈调查（30分）	服装专卖店数量（1公里范围内）		2家	4家	6家	8家	10家
	普通服装店数量（1公里范围内）		2家	6家	10家	14家	18家
	一线服装品牌数量（1公里范围内）		0家	1家	2家	3家	4家
立地调查（40分）	损益平衡点			低于25%	相差5%	超过25%	
	场地位置		街巷拐角	临街当中	临街首位	三岔路口、显眼的次要位置	十字路口、十分明显的位置
	街道类型		普通街道	大中型居住小区沿街	商业街	步行街	繁华商业街
	商业氛围			商业活动少，经营氛围一般	商业活动较频繁，经营氛围较好	商业活动非常频繁，经营氛围非常好	
	聚集人口类型		无业、待业人建群等	低收入人群		中等收入人群	高收入人群
	20～38岁人群集中度		低于10%	集中度低	集中度一般	集中度高	超过50%
	场地周边交通类型		不方便	1公里内有2条公交线	1公里内有5条公交线	1公里内有10条公交线	方便、有地铁
	立地与周边业态的互补性		非互补	不互补	低度互补	中度互补	高度互补
店面调查（20分）	房型		很不规则	有部分不规则	有拐角	细长形	正方形
	房龄		1年	3年	5年	7年	9年以上
	营业面积		40平方米以下	40～60平方米	60～80平方米	80～100平方米	100平方米以上
	门店位置		单向街区	街道中间	三岔路口	十字路口	十字路口转角双门
	招牌可见度		5米	10米	15米	20米	25米以上
	租金		6000元/月	9000元/月	12000元/月	15000元/月	20000元/月以上
	转让费		10万元	20万元	30万元	40万元	50万元以上
	免租期		10天	15天	20天	25天	30天
人流量调查（40分）	星期一中午		100人	200人	300人	400人	500人以上
	星期五傍晚		200人	350人	500人	650人	800人以上
	星期六上午		150人	250人	350人	450人	550人以上
	平均客流量（天）		500人以下	800人	1000人	1200人	1400人以上

(续)

类别	调查选项 科目	选择项	选择项范围				
			1	2	3	4	5
（同业调查）实地调查的3家中业绩最好的为A，最差的为B（20分）	导购人数（A）		2人	3人	4人	5人	6人以上
	营业面积（A）		40平方米	60平方米	80平方米	100平方米	150平方米以上
	推广商品价格区间（A）		300~480元	500~680元	700~880元	900~1080元	1000元以上
	主盈利产品价格区间（A）		300~480元	500~680元	700~880元	900~1080元	1000元以上
	形象商品价格区间（A）		300~480元	500~680元	700~880元	900~1080元	1000元以上
	平均月营业额预估（A）		100000元	150000元	200000元	250000元	300000元以上
	导购人数（B）		1人	2人	3人	4人	5人以上
	营业面积（B）		40平方米	60平方米	80平方米	100平方米	150平方米以上
	推广商品价格区间（B）		300~480元	500~680元	700~880元	900~1080元	1000元以上
	主盈利产品价格区间（B）		300~480元	500~680元	700~880元	900~1080元	1000元以上
	形象商品价格区间（B）		300~480元	500~680元	700~880元	900~1080元	1000元以上
	平均月营业额预估（B）		50000元	80000元	110000元	140000元	170000元以上
会签分值（20分）	图纸判断（市场、商务评分，共5分）						
	现场勘察人员分值平均（满分5分）						
	会签人员平均分值（与会人员，共5分）						

1.8 开店申请表

表 1-10 经销商首开店开业申请表

申请时间： 年 月 日

店铺信息 省级设计师	店铺名称						店铺地区	
	装修类型	新开店/（ ）	重装/（ ）	移位/（ ）	原位扩店/（ ）		移扩店/（ ）	
	开业日期		装修周期			审图时间		
	楼层			面积			店面级别	
	店铺地址							
	店铺联系人及联系电话							
	店铺要求施工时间		白天（ ） 晚上（ ） 整天（ ）		提供现场尺寸图纸			
销售信息 省区域经理	店铺租金	门店左右店铺租金		1				
				2				
		店铺租金						
	代理商		联系电话			Email		
	装修助理或设计师		联系电话			Email		
	销售目标：		店面出货量（多少件货品）		正面陈列：（ ）% 侧面陈列：（ ）%			
设计资料 总部设计师	平面：	标明主电梯			标明主人流方向及百分比			
		标明其他主要品牌			从各角度看店铺的照片			
	店铺租金	门店左右店铺租金		1				
				2				
		店铺租金						
	电气及天花板要求	店铺提供电量数			店铺现状天花板图			
		是否允许安装我们自己的灯具	电子型	轨道灯	原有天花板是否可拆除			
			电感型	嵌入式				
				其他装饰灯				
	高度限制	天花板高度			可建墙高度			
		家具安装高度			是否可全部建高墙，还是个别位置是矮墙，如果是，哪里是？			
	消防机电要求	是否需要申报消防						
		场地内是否有消防栓及其他设备如报警铃\配电箱\消防卷帘门		有	请提供具体消防栓及其他设备位置及尺寸			
				没有				
设计师签字					SKU 数视觉总监			

1.9 开店实物照

方位图	正视图
左侧三十度图	右侧三十度图
店内平面图	店内右侧正对角图
店内左侧正对角图	店内正面照

图 1-2 新店开业实物照

CHAPTER TWO

• 第 2 章

流 通 计 划 部

2.1 流通计划部例会制度

2.1.1 会议类型

部门设立常规会议制度:

1. 部门早会

时　　间:每日早上 9:20 举行(10~15 分钟内)。

地　　点:各部门办公地点。

召集人:仓储主管、配送主管。

参加人员:各小组成员。

会议主旨:总结昨日工作得失,布置今日工作任务。

2. 部门周会

时　　间:每周二早上 10:00 举行(1.5 小时内)。

地　　点:公司会议室。

召集人:流通计划部经理。

参加人员:仓储主管、仓管员、AD 主管、配送主管。

会议主旨:配送主管周工作计划总结报告及讨论辖区内及跨区域协调要点,跟进周工作目标进度,提出新方案讨论。

3. 部门月会

时　　间:每月最后一天下午 16:00 举行(1.5~2 小时内)。

地　　点:公司会议室。

召集人:流通计划部经理。

参加人员:部门全体员工。

会议主旨:总结本月工作得失,布置下月工作任务。

4. 培训会议

时　　间:每月中旬。

地　　点:公司会议室。

召集人:流通计划部经理。

参加人员：全体员工。

会议主旨：员工成长培训。

5. 临时会议

临时通知。

2.1.2 会议程序

1. 会前准备

（1）定期的常规例会，各 AD 专员、仓储主管应会前在本区域或跨区域进行充分沟通解决，无法解决的部分提出来在会议中讨论，由部门主管协调解决，各需讨论事项应提出相应的提议方案，要详细列明相关诉求点及明确各相关协助区域及人选，以供会议讨论。

（2）由部门主管召集的会议，召集人由部门主管通知，应明确以下会议内容：会议时间/会议地点/与会人员/会议议程。

2. 会议记录

由会议主持人指定专人记录（行政部可随机列席会议，并将会议记录整理归档），会议结束后，记录人员根据需要整理出会议纪要、会议报告（公布或发给与会者或按会议精神制订相关文件、并抄送行政部存档备案）。

2.1.3 会风管理

1. 参会人员需提前 2 分钟到会，参会人员到会情况列入公司考勤记录，迟到者捐献 10 元，因特殊原因不能参加会议的须会前向会议召集者请假，无故不参加会议者捐献 50 元。

2. 会议必须准时召开，第一召集人未能准时参会时由第二召集人召集主持（第二召集人为部门主管或职务代理人）。

3. 会议期间手机等其他通信工具一律调到振动或关机状态。

4. 开会期间不得私下说话、议论，从事同会议无关的事，违者做俯卧撑 20 个。

5. 会议应集中于规定议题讨论，不得消磨时间，更不允许阴阳怪气破坏会场气氛。

6. 维护正常的会议秩序，提倡积极主动发言，但不得争论不休、吵闹等。

7. 与会者须按规定保守会议秘密不得外泄。

2.2 货品安全管理制度

1．目的：为加强公司物流管理，提高物流运转效率，妥善保管各类物资，使各类物资的物流吞吐规范化、标准化，避免发生不必要的损失，特制定本制度。

2．范围：适用于仓储中心新品、存品、配饰品、低值易耗品的进、出、调、存、退把关，物流吞吐的高效运转及相关联的各项工作。

3．要求：所有物资应做到：定期清点、核对，保持账、物一致，并根据物资实际状况，对长期不用以及需作调整处理的物品、物资应及时清理并根据流程办理相关手续。

4．奖励：仓储中心各岗位员工在工作中成绩表现优异或者对公司对部门的建设有突出贡献者，根据实际表现情况给予对应的现金或物质奖励。

5．处罚：仓储中心员工违反规定将以爱心基金的形式强制捐款，爱心基金由流通计划部经理组织汇总后将用作社会救灾、爱心捐献或部门活动经费。

6．部门管理：

（1）合理分配仓储工作，对仓库工作有一定预见性，带领团队高效完成仓储中心各项工作任务。在工作分配上如有假公济私，怠慢工作的行为，一经发现处以 100 元/次以上罚款。

（2）严格根据员工工作表现及工作完成效率完成当月员工综合评比。如有弄虚作假现象视情节处以 100 元/次以上罚款。

（3）在工作上给予员工正确指导和培训，悉知企业发展规划及企业文化，提高团队凝聚力和工作效率。如发现所带团队工作散漫，团队凝聚力不强、效率较低视情况给予口头警告，如无改过则调整岗位重新进行岗位选拔。

（4）本岗位是仓库物资、物品的直接责任人，若发现仓库物资、物品出现不明原因毁损、无故丢失、保养不良等情况，视情况给予相应处罚。

（5）执行上级安排的其他工作任务，无故推卸视情况给予 50 元/次处罚。

7．物资管理：

（1）仓库货品物资由流通计划部仓储主管负责，严格执行各类物资的收、发、领、退、核程序。（违者捐献 10 元/次）

（2）保持仓库的整洁卫生，要求物资分类、分垛堆放整齐。（违者捐献 10

元/次）

（3）仓储主管严格把握货品进出库手续并及时做好记录工作。物资进出库必须根据出入库单进行严格的复查验收，确认无误后，方可签收。（违者捐献10元/次）

（4）货品物资出库必须根据出库单准确发放，做到单、物相符。（违者捐献20元/次）

（5）仓库一般不接受临时代保管物品，确需存放在仓库的临时代保管物资，必须建立代保管台账，详细记录出入库情况。代保管物品出入库时，必须取得所属部门经理签批，仓储主管方可给予存放或发出物品。（违者捐献10元/次）

（6）建立库存物资盘点制度，仓管员做到每月盘点一次，财务部随机抽查盘点，保证账实相符。如有不符，必须及时上报，并查明原因。（违者根据公司存货管理制度处罚）

（7）货品出库，必须按照公司规定程序执行。（违者捐献20元/次）

8．安全管理：

（1）仓库钥匙统一保管，专人领用。货品的销售价格除本部的工作人员知道外不得向外泄露，需严格保守公司的商业机密。（违者捐献10元/次）

（2）仓库重地闲人勿入。非库管人员因工作需要进出库必须经仓储主管同意，并做好详细记录，注明时间、事项、当事人。库房不得设办公室或住人休息，无关人员不许进入仓库。（违者捐献5元/次）

（3）如客户须进入仓库挑选货品或查询货品的收、发情况的，须由AD专员陪同，并经仓储主管同意。（违者捐献5元/次）

（4）仓储主管应坚守岗位，离库时关窗锁门、切断电源，库房内电器线路应定期检查，库房内严禁使用一切电热器具和家用电器，如调休或因其他原因不在岗，由仓管员负责其本职岗位职能。（违者捐献20元/次）

（5）严格执行仓库防火安全管理规则，库房内禁止吸烟，严禁携带火源、火种进入库房；仓库周围禁止堆放杂物和易燃物品，库房内主要通道要保持畅通，防止发生意外。（违者捐献100元/次）

（6）仓库人员对库房内发生盗窃、火警等事故及发现隐患、漏洞和可疑迹象，应立即报告主管，由主管及时做出应对措施。

（7）消防设施、器材，由仓储主管管理，负责检查，保证完好有效，仓库内设醒目的防火标志。

（8）对仓库的安全管理情况，每月本部门、行政部各查一次，并将检查情况列入考核。

（9）各类仓库的设置，要报流通计划部经理批准并向行政部备案，不准擅自设置仓库，不准乱堆乱放。（违者捐献 20 元/次）

（10）仓库必须保持空气流通、做到防潮、防腐、防霉。（违者捐献 20 元/次）

（11）员工进出库房，不得携带大件包裹出入。（违者捐献 20 元/次）

9. 货品管理：

（1）货物应依据入库单逐笔入库，出库应有出库申请单，严格出入库操作流程，做到先进后出。

（2）货物应摆放有序，按不同年份、品牌分类，应有次品区、待出货/退货区、配件区、低值易耗品区，均有明确标示。（违者捐献 10 元/次）

（3）仓管员应建货品电子档，年份/单品牌总数量台账，做到账、物一致。（违者捐献 10 元/次）

（4）货物质量应定期检查，防止霉变。（违者捐献 10 元/次）

（5）仓库应清洁，卫生，通风，干燥。（违者捐献 5 元/次）

（6）对仓库的库存管理情况，每月月末结账日仓库盘存，做出盘存表，和财务核对账目，保证账实相符。并将检查情况列入考核。

10. 综合管理：

（1）仓储人员工作时间：上午 9:00～12:00；下午 13:30～17:30。后续根据工作业务情况另行规定。工作时间内，不得擅自离开岗位。（违者捐献 30 元/次）

（2）外出或暂时调动，须告知仓储主管备案，到公司后第一时间向仓储主管报到，越级告知无效或未报到的视为迟到，按公司考勤制度处理。

（3）如有事需要请假的，需提前写请假条，突发事件电话请假后补上请假条或调休单，否则记旷工一次。

（4）上班时间严禁玩游戏、睡觉等不良行为。（违者捐献 50 元/次，屡教不改者退回人力资源部处理）

（5）因工作需要加班的，不得无故寻找借口。（违者捐献 30 元/次）

（6）服从工作安排，不得无故顶撞上级，消极怠工，如有不同意见可先执行任务，后反映意见。（违者捐献 20 元/次）

（7）团结同事，相互帮助，共同进步，对于滋事打架斗殴者，一律作退回人力资源部处理。（违者捐献 100 元/次并承担一切后果）

（8）书写客户收货地址要准确、清楚，如果书写错误，导致错发，须承担相关费用。

（9）爱护公共财物，工作中不可野蛮操作，对公司财物造成损坏导致不能正常使用的，要照价赔偿。

（10）忠于职守，恪守尽责，不做有损公司利益的事情，更不得偷窃公司货品，一经发现，一律作退回人力资源部处理，并处以所偷货品销售价格的 10 倍罚款，情节严重的交警方处理。

（11）办公电话严禁拨打信息台、充 Q 币等。（违者捐献 200 元/次）

（12）仓储例会、早会无特殊情况不许迟到。（违者捐献 10 元/次）

（13）仓储例会、周会时需保持手机静音或关机状态。（违者捐献 5 元/次）

（14）仓库有道具、货架及其他不安全因素，故仓库严禁儿童、老人及其他本公司员工进入，特殊情况需上级批准、说明。（违者捐献 20 元/次）

（15）仓库应保持干净、整洁，符合"6S"管理标准。如所属区域未达到标准捐献 10 元/次，公共区域根据值日排班表执行。（违者捐献 10 元/次并纳入考评记录）

（16）仓储人员上班时间严禁上网聊天、看无关网页。（违者捐献 20 元/次）

（17）严禁在仓库内吃东西，谨防引来老鼠及油渍污染货品。（违者处以 20 元/次罚款）

（18）除特殊情况外，仓储人员所有工作需每日做到日清。

（19）仓储主管对同岗位员工工作效率、质量进行监督、比对，发现问题及时进行了解、解决。

（20）对待工作不得怠慢、懒散，对心态不正、工作效率低、工作质量差的员工经培训、约谈仍屡教不改的退回人力资源部处理。（注：以数据与事实为依据）

（21）出差撤柜、装修需按流程操作。（违者按责任捐献 10 元起/次）

（22）其他未尽事宜参照公司日常管理制度及临时规定执行。

11．数据管理：

（1）仓管员及时录入单据，如入库单、销售单、退货单以及次品处理单等，不明的情况向仓储主管请示处理，输入电脑数据与入/退/配货单不符的，捐献 20 元/次。

（2）单据录入完成后，核对正确后打印，按规定给客户一联、仓储一联、财务一联，并填写出库申请单和到货确认单，交相关经手人签字，并交财务审核签字，方可发货。（违者捐献 10 元/次）

（3）确保录入的数据完整准确无误，并按月份分类保存好历史单据备查。（如有缺失的捐献 5 元/张）

（4）如果发现实物与录入单据数量不符应及时查明原因并纠正。（违者捐献 20 元/次）

（5）按照配货单对需上浮价格的店铺的货品进行价格标签打印，确保价格的准确性。

（6）不允许其他人利用自己的工号进行数据的录入、修改等。（违者捐献 50 元/次）

（7）仓管员对仓储主管负责，有权制止任何有损系统正常录单工作的行为，发现可疑单据要及时向仓储主管报告。要确保库存数与电脑数量保持一致。

（8）执行上级分配的其他临时工作任务。

（9）严格按照工作流程操作，违反流程或随意改动的工作行为视情节严重捐献 10~50 元/次。

12．货品流通：

（1）仓储主管负责公司到货时及时清点，核对箱数、计重，检查货品外包装完整性，如箱数或外包装有疑问应立即报告产品部经理，清点核实无误后交仓储主管入库签收。（违者捐献 10 元/次）

（2）仓储主管应按品牌总部出库清单遂箱开箱清点数量，并与箱体外标明的数量核对。对每箱款号、色号、数量手工登记并在箱外注明到货日期。核对后如有差异及时报告产品部经理。（违者捐献 10 元/次）

（3）仓管员按照储位配载计划分储商品，货品分品牌区域、童装、成人装、款号、颜色、尺码摆放，同一款货品集中放在同一区域，不可随意乱丢乱放。

（违者捐献 20 元/次）

（4）仓管员应熟悉仓库各个区域的货品，能及时准确地完成入库、配货、货品归位等工作。

（5）仓管员应熟悉所辖管理区内货品的款号、颜色、尺码的摆放位置，能快速找到并完成配货。

（6）仓管员接到 AD 专员提交的配货单，按照实际配货情况，有的打"√"，数量不足的写上实际配货数量，没有配到的不做任何标记。不在配货单胡乱涂画，影响输单。（违者捐献 10 元/次）

（7）仓管员配货时务必认真仔细，如有错配、漏配、少配情况，捐献 10 元/次。

（8）配货结束后将所配货品交由配送主管签收，并按款号集中放在一个区域，配货员在配货单上签名放在所配货品上，通知仓储主管复核、配送主管组织配发。（违者捐献 10 元/次）

（9）仓管员应熟悉需上浮价格店铺数量、名称，对价格需上浮的货品进行价格标签更换并同时去掉吊牌前期所有价格信息，如有遗漏经查实按实际造成的损失或公司规定处罚。（捐献 10 元起/次）

（10）货品要分款、分色、分码摆放整齐，杜绝货品放摆放错乱，堆放东倒西歪。确保物流畅通、环境整洁。（违者捐献 10 元/次）

（11）数据核对无误后方可打包，销售单据、到货确认单、配件等放入包内。打包包体写明总包数、包号、单包重量、客户的详细收货地址。（违者捐献 10 元/次）

（12）客户、直营店铺退回货品的外包装、重量、数量检查核对及归位操作。（注：因检查不仔细导致脏、次、残品流入公司按公司规定处罚）

（13）除特殊情况外仓管员需将每日主管分配工作按时、按质、按量完成。违者加班完成自己未完成工作并捐献 10 元/次。

（14）道具、辅料应妥善保存，及时配发及整理、核对。出入库按流程执行。（违者捐献 10 元起/次）

（15）AD 专员需熟悉仓管员的工作流程，在仓管员有事或不在岗时熟练操作其工作。

（16）执行上级分配的临时工作任务。

2.3 货品安全承诺书

承诺人姓名：
　　身份证号：□□□□□□□□□□□□□□□□□□
　　家庭住址：　　　　　　　　　联系电话：
连带责任人（担保人）：
　　与承诺人的关系：□上级领导　□夫妻　□父母　□兄弟姐妹　联系电话：
　　担保人身份证号：□□□□□□□□□□□□□□□□□□
货品安全责任范围：
　　□签收入库货品（仓储、配送人员）
　　□签收出库商品（终端营业部经理）
　　□签收入店货品（导购、店长）

一、承诺事项：

1. 在本人签收保管期间，货品丢失或损坏本人愿承担全部损失。

2. 因货品管理不当（未严格执行《货品安全管理制度》），造成的人为灾害，由肇事者承担，本人愿承担失职赔偿（视具体情况双方协商，未查到肇事者的承担20%）。

3. 因货品管理不当（未严格执行《货品安全管理制度》），造成的自然灾害，本人愿承担10%的赔偿。

4. 因下属人员工作失职造成的货品丢失或损坏，本人愿承担20%的连带赔偿，并负责追回相关损失。

5. 因本人直接造成的货品丢失或损坏，本人愿双倍赔偿损失。

二、连带责任的界定：

承诺人造成损失时，无力偿还损失部分或拒绝赔偿时，担保人应无条件支付相应的赔偿，并承担相应责任。

三、争议解决：

因商品丢失导致的争议可协商解决，协商不成交由公司所在地的人民法院裁决。

四、该承诺书自承诺人签字之日起生效，由公司行政部门负责保管。

本人已知晓并理解本承诺书的相关责任与义务！

　　　　　　　　　　　　　　　　　　　　承诺人签名：
　　　　　　　　　　　　　　　　　　　　　　年　　月　　日
　　　　　　　　　　　　　　　　　　　　担保人签名：
　　　　　　　　　　　　　　　　　　　　　　年　　月　　日

2.4 采购入库流程

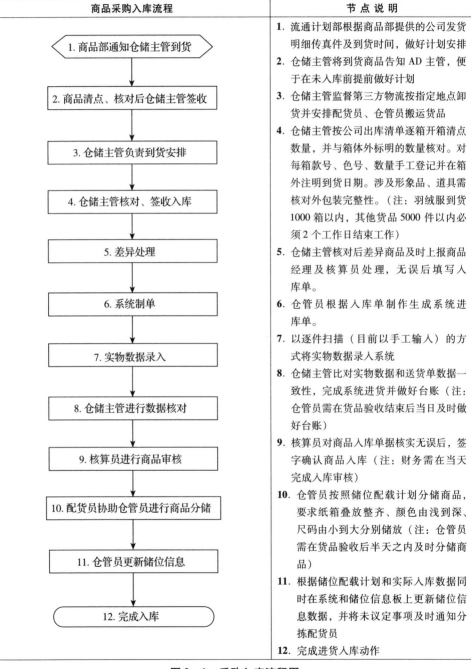

图 2-1 采购入库流程图

2.5 道具入库流程

道具入库流程	节点说明
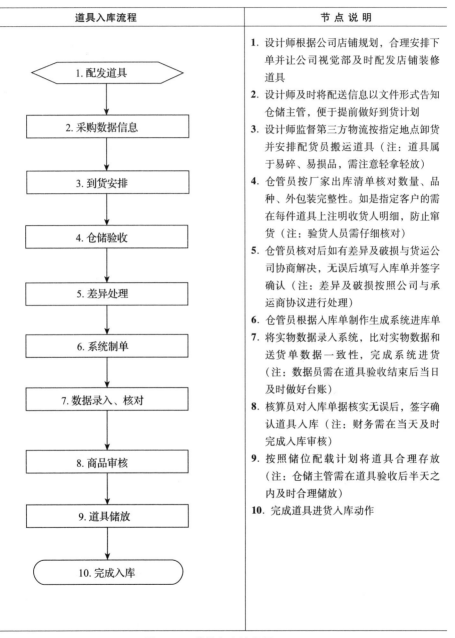	1. 设计师根据公司店铺规划，合理安排下单并让公司视觉部及时配发店铺装修道具 2. 设计师及时将配送信息以文件形式告知仓储主管，便于提前做好到货计划 3. 设计师监督第三方物流按指定地点卸货并安排配货员搬运道具（注：道具属于易碎、易损品，需注意轻拿轻放） 4. 仓管员按厂家出库清单核对数量、品种、外包装完整性。如是指定客户的需在每件道具上注明收货人明细，防止窜货（注：验货人员需仔细核对） 5. 仓管员核对后如有差异及破损与货运公司协商解决，无误后填写入库单并签字确认（注：差异及破损按照公司与承运商协议进行处理） 6. 仓管员根据入库单制作生成系统进库单 7. 将实物数据录入系统，比对实物数据和送货单数据一致性，完成系统进货（注：数据员需在道具验收结束后当日及时做好台账） 8. 核算员对入库单据核实无误后，签字确认道具入库（注：财务需在当天及时完成入库审核） 9. 按照储位配载计划将道具合理存放（注：仓储主管需在道具验收后半天之内及时合理储放） 10. 完成道具进货入库动作

图 2-2 道具入库流程图

2.6 订、补单发货流程

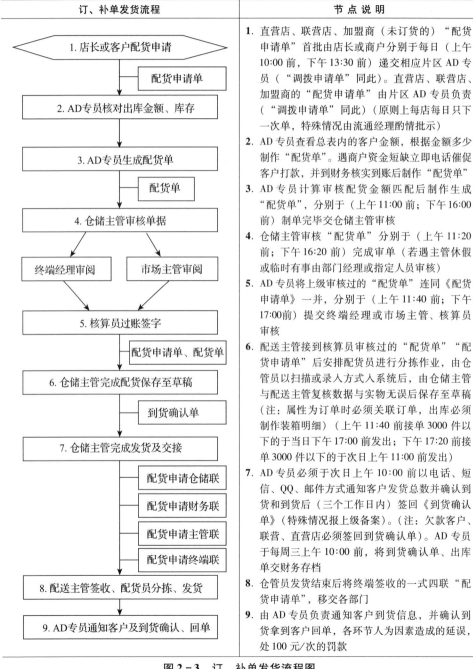

图2-3 订、补单发货流程图

2.7 经销合同及数据更新流程

经销合同及数据更新流程	节点说明
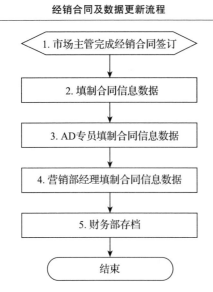	1. 市场主管完成经销合同的签订 2. 营销部经理阅览经销商合同信息后,由市场主管将客户所属的"区域名称""客户资料""合同数量""合同规定总订货数量"填制于客户信息数据共享表内。将合同文本原件传给终端营业部经理及流通计划部经理,并在行政部做好交接登记 3. AD 主管阅览经销商合同信息,将新增客户归置片区,由所辖片区 AD 专员将"合同规定回款计划金额""标准订单""供货制定单""应收定金""实际销售金额"填制于客户信息数据共享表内。将合同文本原件传给终端营业部,并在行政部做好交接登记 4. 终端营业经理阅览经销商合同信息,将新增客户归置区域,由所辖区域培训主管将"计划回款金额"填制于客户信息数据共享表内。将合同文本原件传递给核算员,并在行政部做好交接登记 5. 核算员阅览经销商合同信息,将客户"押金账""已收定金""已用定金""定金余额""应收""应付""订单或进货金额""已退换货金额""净额""退货率""可退金额""月度实际回款"填制于客户信息数据共享表内,并将合同文本原件归档保存

处罚机制:

1. 数据共享表由行政部每半个月备份一次,并发送总经理指定的两个邮箱保存,违者处 20 元/次罚款
2. 共享表密码由填制人设置并提交行政部备份,不得随意改动密码,违者处 20 元/次罚款
3. 各部门数据更新时间规定:
    1) 财务部上午 9:00~9:30、下午 13:30~14:00
    2) 流通部上午 9:30~10:00、下午 14:00~14:30
    3) 营销部上午 10:00~10:30、下午 14:30~15:00
    4) 终端营业上午 10:30~11:00、下午 15:00~15:30
    5) 行政部下午 15:30~16:00
    若违反时间规定和应更新而未及时更新的,当事人处 20 元/次罚款
4. 合同交接填写"工作联系单"送件人一联/收件人一联/行政部一联
5. 若交接途中导致合同文件丢失,当事人处 50 元/次罚款,合同传递由行政部监督备档并执行处罚
6. 财务往来账核算错误,导致损失无法挽回的,金额在 2000 元以下财务个人承担,2000~10000 元,公司和财务个人各承担 50%,10000 元以上公司承担 80%,员工个人承担 20%

图 2-4 经销合同及数据更新流程图

2.8 库存盘点规定

1．目的：为了更准确地做好仓库存货盘点工作，使仓库账实物相符，并在账实物不相符时能得到及时调整，为存货管理提供可靠的数据，同时也将促使仓库存货符合品质要求，考核仓储管理人员的工作绩效，分析管理得失，以奖罚的方式给予激励和鞭策。

2．范围：适用于仓库（新品区、辅料区、四季大货区）所有存货盘点时使用。

3．职责：由财务核算员或行政部、流通计划部经理共同监督盘点工作。并对盘点结果进行核对，在盘点结果明确后执行奖罚。财务核算员是所有货品金额的最终确认者，负责对整个公司存货盘点数据进行最终核定，可以按需要对库存货品不定期组织抽盘；仓库是所有货品实物保管的最终责任主体，负责组织库存货物的定期盘点工作，对库存货品的丢失、毁损，流通计划部经理、仓储主管是第一责任人并负直接管理责任。

4．要求：

（1）执行例行盘点制：每月最后一天设为盘点日，例行盘点不仅是货品管理的需要，同时也是仓管开展自检自查的过程。

（2）盘点前准备工作：

1）仓储主管组织人员将货品按款号、颜色、尺码将库存货品归类、整理、摆放到位；

2）核算员监督将所有存货明细自系统中导出并打印盘点单，次品单独挂放，与正常库存货品分开；

3）盘点开始后停止所有货品的进出库动作。

（3）盘点人：负责有顺序的唱报货品款号，由仓管员担任。

（4）监盘人：负责复核、监督盘点人唱报款号与系统导出数据的一致，由核算员担任。

（5）确认人：负责对盘点单的最终结果确认，由仓储主管、配送主管、流通计划部经理、行政主管担任。（要求盘点人、监盘人、确认人共同签字）

（6）盘点后的库存调整，由仓储主管呈报总经理批示，财务部必须在1个工作日内完成核实。

5．处罚：

（1）存货盘点后（包括辅料）若账物不相符，按照少货金额与多货金额相抵后的损失金额（服装按批发价，辅料按进货价）赔偿。流通计划部经理、仓储主管各承担25%，其余的由仓管员承担。

(2) 存货盘点后，若窜款数量控制在出库总量的1‰（含）以内，不进行处罚；超出1‰的窜款数量，则按5元/件的金额扣罚。仓管员、仓储主管各承担25%。

2.9 商品出库流程

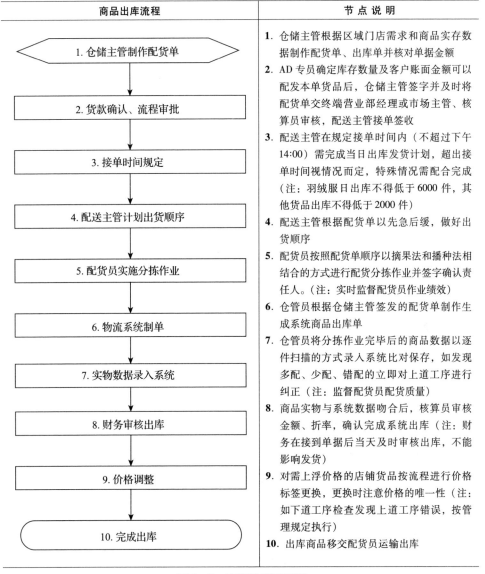

图2-5 商品出库流程图

2.10 商品价格检查流程

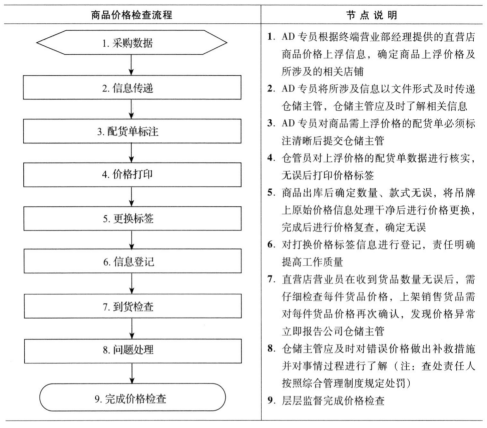

图 2-6 商品价格检查流程图

2.11 商品调拨管理制度

1. 目的：为加强物流控制及商品流通效率，产生附加价值。不使公司及客户财产受损失，不使"问题商品"进入店铺销售，损害公司形象，特制定本制度。

2. 对应岗位：相关的市场主管、AD专员、加盟商、直营店员工、财务人员、仓储人员。

3. 责任：

（1）由公司行政部负责统一监督，负责奖惩通报的拟制，并负责档案的记载。

（2）由财务结算部负责奖惩的实施。

4．条款内容：

（1）所有店铺如需调拨商品，必须电话或传真至公司该店铺所属区域管辖的 AD 专员，由 AD 专员根据店铺要求，填写调拨单。

（2）调拨单由 AD 专员传真至调出店铺，调出店铺按调拨单要求完成出货后半个工作日内，将调出的货品调拨明细单、快递单（或托运单）回传至公司 AD 专员处；AD 专员在半个工作日内将货品明细、快递单（或托运单）和到货确认单传真至调入店铺；调入店铺收到货品后一个工作日内将货品确认单传真至公司 AD 专员处。

（3）AD 专员收到到货确认单一个工作日内将调拨单（调出店铺经手人签字）、快递单（或托运单）复印件（需明确注明快递及托运费用），到货确认单一并交至公司财务核算入账存档，完成调拨流程。要求整个调拨流程 5 天内完毕，如遇特殊情况延迟需上报。

商品调拨注意事项：

商品调入

1）店长或加盟商在货品到达后，按货品调拨要求相关内容核对货品数量及质量。

2）经清点数量无误后，参加清点人员在到货确认单上签字确认，并在到货后 24 小时内回传至公司。

商品调出

1）任何商品调出店铺，必须由调出店店长、店长指定人员或加盟商，按调拨单内容，在规定时间内配出货品，并按公司要求发出。

2）商品发出后，调出店铺将调拨商品明细单，随同快递单或托运单，半个工作日内传真至公司 AD 专员处。

3）AD 专员当天将调拨单、到货确认单随同快递单或托运单交至财务处，财务处在 24 小时内完成调拨账务处理。

其他

1）全部调拨指令应从公司终端营业部的培训师或流通计划部的 AD 专员处下达书面通知，不允许个人或店铺间私自进行货品调拨。

2）调拨货品，严格遵守调拨单上的内容及时间要求进行调拨，数量和货号必须相符，如调拨时货品已经有销售发生，应按调出店实际库存调拨，数量上的变化要及时由店长或加盟商通知 AD 专员，以便公司及时做出调整（或在调拨单上注明数量不符的说明后回传至公司）。

5．奖惩措施：

（1）未按公司调拨指令私自调货的直接责任人视情况轻重处以 50~200 元/次罚款。

（2）未执行监督权利的职位，扣除月度考核分 10 分。

（3）未执行考核的职位，视情况轻重处以 20~100 元/次罚款；

（4）给公司造成损失 1000 元以下的，由直接责任人承担；1000 元以上的，公司与直接责任人各承担 50%。

6．其他：

（1）本规定由行政部制订并归口管理。

（2）本规定自总经理批复之日起实施。

表 2-1　公司商品调拨单

电话：　　　　　　　　　　　　　　　　　　　　　　传真：
调出店铺：　　　　　　　　　　　　　　　　　　发出日期：　年　月　日
调入店铺：　　　　　　　　　　　　　　　　　　店铺类别：
调拨款式如下：

款号	色号	XS/100	S/110	M/120	L/130	XL/140	2XL/150	3XL/160	合计
合计									

AD 专员：		发货方式：	（快递、托运）［打勾确认］
		快递（托运）公司及单号：	
调入店铺地址		快递费用：	（到付、现付）［打勾确认］
		电话：	
		收货人：	
备注			

2.12 商品退库流程

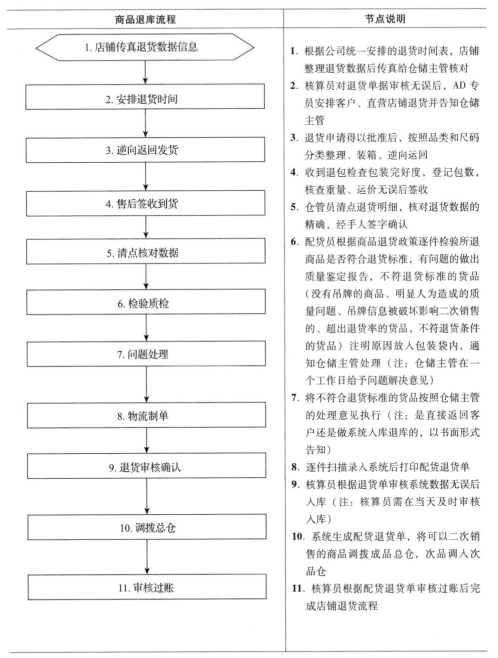

图 2-7 商品退库流程图

2.13 商品退还供应商流程

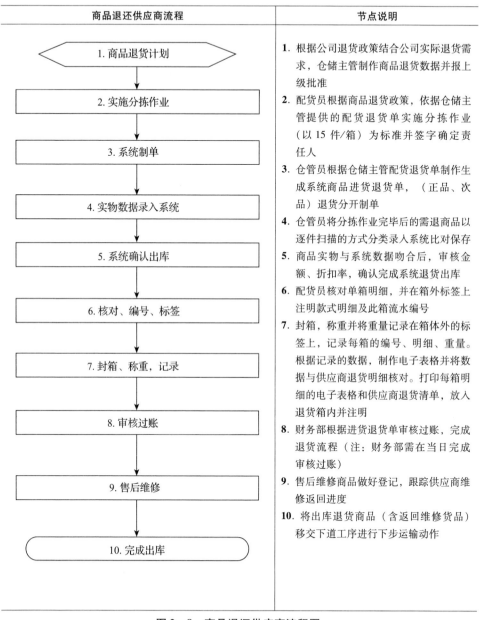

图2-8 商品退还供应商流程图

2.14 商品运输流程

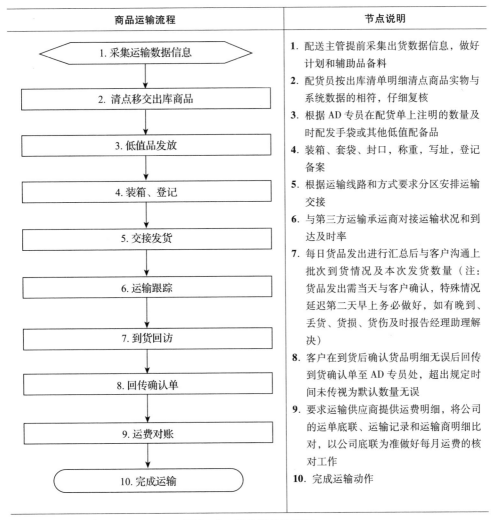

图2-9 商品运输流程图

2.15 终端收货、验货规定

1. 目的：为避免客户及直营门店签收货物时出现少货现象，规避各方风险，特制定本制度。

2. 范围：适用于本公司旗下的经销商及直营/联营店收发货物时使用。

3. 内容：

（1）各地区客户及门店必须配备电子秤，要求在签收货物时仔细核对重量，如有不符，当场开包清点货品品种与数量是否与出库单据相符，遇差异时要求物流运输商开具证明，并在 1 日内将证明以传真的方式告知辖区 AD 专员，AD 专员会立即通知仓储主管协调处理。若客户及门店收货时未称重量或少货时未开证明及延误传真通知，少货金额由当事人承担。

（2）第三方物流运输承运由公司统一安排，客户及门店可选择运输方式（如：汽运、快递等）。自收货之日起 1 日内以传真方式通知公司所辖片区的 AD 专员。如发现收到货品的品种、型号、规格与出货单不符，在 1 日内向公司 AD 专员提出书面异议。客户怠于通知或者自收货之日起 1 日内未通知 AD 专员的，视为公司产品合乎规定。

（3）公司货物发出后将以电话、短信或电子邮件的形式，通知客户及门店货品到达的时间、箱数、运输方式、总件数，提醒客户查收并核对和确认。

（4）公司已在货品清点装箱区域内设置监控，货品装箱过程中严格执行复点、复核、登记、签字确认程序，保证货品出库准确无误。

4. 对应岗位： 终端营业部经理、市场主管、门店店长、店员、加盟商、AD 专员、仓储主管、配送主管。

5. 岗位责任说明： 终端营业经理、市场主管负责店铺电子秤申购配备；门店店长、店员负责收货验货执行。AD 专员负责信息传达及协调；配送主管负责发货通知及门店货品验收异常处理。

CHAPTER THREE

- 第 3 章

人事制度

3.1 人事管理制度总则

第1条 根据国家有关劳动人事的法律法规、相关政策，为规范公司人事制度，特制定本制度。

第2条 公司对员工实行合同化管理，所有全职员工都必须与公司签订劳动合同。员工与公司的关系为合同关系，双方都必须遵守合同。

第3条 公司人力资源部负责公司的人事计划、员工的培训、奖惩；劳动工资、劳保福利等项工作的实施，并办理员工的考试录取、聘用、商调、解聘、辞职、辞退、除名、开除等各项手续。

第4条 公司各职能部门、下属部门，用人实行定员、定岗。公司职能部门及下属门店的设置、编制、调整或撤销。由部门经理提出方案，报总经理批准后实施。

第5条 下属门店需雇用临时工人的，必须提前7个工作日做出计划上报人力资源部审核、总经理核准后由终端营业部经理统一向社会招聘，按核准的指标及指定的地点雇用临时工，严禁无指标雇用临时工。

第6条 公司聘用的员工，一律与公司签订劳动合同。

第7条 各级员工的聘任程序如下：

1. 总经理与副总经理，由董事会提名、聘任。
2. 总经理助理、部门经理及部门主管，由总经理聘任。
3. 其他员工，经总经理批准后，由人力资源部及部门经理共同聘任。
4. 上述程序也适用于各级员工的解聘及续聘。

第8条 公司内部若有空缺或有新职时，可优先从内部晋升或调职，出现下列情形可进行对外招聘。

1. 公司内部无合适人选时。
2. 需求量大，内部人力不足时。
3. 需特殊技术或专业知识需对外招募人才时。

第9条 甄选员工任用之主要原则是应聘者对该申请职位是否合适而定，并以该职位所需的实际知识及应聘者所具备的素质工作态度、工作技能及潜质和工作经验等为准则，经所属部门考核合格任用。

第10条 新聘（雇）员工，受聘人必须填写"应聘登记表"，由用人单位签署意见，拟定工作岗位，经人力资源部审查考核，符合聘雇条件者，给予聘用。

第 11 条 新员工正式上岗前，必须先接受培训。培训内容包括学习公司章程及规章制度，了解公司情况，学习岗位业务知识等。培训由人力资源部和用人部门经理共同负责。员工试用期间，由人力资源部会同用人部门考察其现实表现和工作能力。试用期间的工资，按拟定的工资的80%发放。

第 12 条 员工试用期满15天前，由用人单位作出鉴定，提出是否录用的意见，经人力资源部审核后，报总经理审批。批准录用由人力资源部发放转正通知书；决定不录用者予以辞退。

第 13 条 临时工由各部门经理核准的指标内雇用，报总经理批准，报人力资源部备案。

第 14 条 公司按照按劳取酬、多劳多得的分配原则，根据员工的岗位、职责、能力、贡献、表现、工作年限、文化高低等情况综合考虑决定其工资。

第 15 条 员工的工资，由决定聘用者依照前条规定确定，由人力资源部行文（员工薪资通知单）通知财务部门发放。

第 16 条 公司按照国家有关规定为员工办理退休、待业等保险。员工享有相应的保险待遇。

第 17 条 公司执行国家劳动保护法规，员工享有相应的劳保待遇。

第 18 条 员工的奖金由公司根据"奖金发放实施细则"执行。

第 19 条 员工按国家法定节假日休假，具体实施按公司"考勤制度"执行。

第 20 条 员工按国家规定享有年休假的，由人力资源部会同各部门经理统筹安排员工休假。具体实施按公司签发的"关于年休假实施的规定"执行。

第 21 条 公司有权辞退不合格的员工。员工有辞职的自由。但均须按本制度规定履行手续。

第 22 条 试用人员在试用期内辞职的应向人力资源部提出辞职报告，到人力资源部门办理辞职手续。

第 23 条 员工与公司签订聘（雇）用合同后，双方都必须严格履行合同。员工不得随便辞职，用人单位不准无故辞退员工。

第 24 条 合同期内员工辞职的，必须提前1个月向公司提出辞职报告，由用人单位签署意见，经原批准聘（雇）用的领导批准后，由人力资源部给予办理辞职手续。

第 25 条 员工未经批准而自行离职的，公司不予办理任何手续；给公司造成损失的，员工应负赔偿责任。

第 26 条 员工必须服从组织安排，遵守各项规章制度，凡有违反并经教育不改者，公司有权予以解聘、辞退，并不发放任何经济补偿及赔偿。

第 27 条 公司对辞退员工持慎重态度。用人单位无正当理由不得辞退合同期未满的员工。确需辞退的，必须填报辞退员工审批表，提出辞退理由，经人力资源部核实，对符合聘用合同规定的辞退条件的，报原批准聘用的领导批准后，通知被辞退的员工到人力资源部办理辞退手续。未经人力资源部核实和领导批准的，不得辞退。

第 28 条 试用期满的员工进行辞退，必须提前 1 个月通知被辞退者。

第 29 条 聘（雇）用期满，合同即告终止。员工或公司不续签聘（雇）用合同的，到人力资源部办理终止合同手续。

第 30 条 员工严重违反规章制度、后果严重或者违法犯罪的，公司有权予以开除。

第 31 条 员工辞职、被辞退、被开除或终止聘（雇）用，在离开公司以前，必须交还公司的一切财物、文件及业务资料，并移交业务渠道，否则，人力资源部不予办理任何手续；给公司造成损失的，员工应负赔偿责任。

3.2 考勤制度

第 1 条　执行总则

为了加强劳动纪律和工作秩序，特制定本制度，并由人事主管监督执行。

第 2 条　作息时间

公司上班时间为 9:00~12:00，13:30~17:30。

第 3 条　作息制度

1. 经理级别以下员工，公司实行每周 6 天，40 小时综合工时制度，经理级别以上员工实行每周 5 天不定时工作制，不定时工作制原则上无加班调休。
2. 遵照国家相关法规制度执行。
3. 每周公休日 1 天。

4. 法定节假日按照国家规定执行。

5. 不定时工作制：主要为公司管理层、营销部等经理级别以上员工，因工作性质需机动作业的工作岗位。目前公司营销部及经理级别员工实施此制度，按每月工作 21.75 天核算考勤及薪资。

第 4 条　考勤范围

1. 公司除总经理外所有员工均在考勤之列。

2. 特殊岗位不考勤的须提出书面申请，经总经理批准后生效。

第 5 条　考勤办法

1. 早晚打卡上下班：

忘记打卡的员工，须及时自拟提报书面申请，并由其直接主管书面确认，月底未确认或每月忘记打卡三次以上（含三次）的按迟到/早退处理，每次扣除个人保底月薪 1%。

2. 考勤设置种类：

（1）迟到：

1）迟到 1~15 分钟，每次扣除个人保底月薪 1%。

2）迟到 16~30 分钟，每次扣除个人保底月薪 2%。

3）迟到 30 分钟以上，按旷工一天计，双倍扣发当日工资。

（2）早退：

1）早退 1~15 分钟/次，扣除个人保底月薪 1%。

2）早退 16~30 分钟/次，扣除个人保底月薪 2%。

3）早退 30 分钟以上，按旷工一天计。

主管级别以上员工每月累计迟到、早退三次以上（含三次），另外扣除当月岗位工资 10%，情节严重者，取消岗位工资。

（3）旷工（凡下列情况均以旷工论）：

1）用不正当手段骗取、涂改、伪造休假证明。

2）未请假或请假未批准，不到公司上班。

3）不服从工作调动，经教育仍不到岗。

4）被公安部门拘留。

5）打架斗殴、违纪致伤造成休息。

旷工者双倍扣发当日工资，累计旷工三个工作日，由其直接主管亲自联络本人查明原因，并在两个工作日内向人事主管提交辞退处分报告。

3. 外勤：

(1) 因公需全天外勤的应提前填写"外出审批单"，由直接主管书面确认，第一联交人事主管存档，第二联交由前台备查，未经批准事后填写或未经批准外勤的按旷工处理，双倍扣发当日工资。

(2) 因公需要外出超过15分钟以上的，应填写"外出审批单"，主管签字审批后第一联交由人力资源部存档，第二联交由前台备查。未按要求办理者按旷工处理，双倍扣发当日工资。

4. 出差：

因公出差应提前一天填写"请（休）假单"注明"公出、出差"、出差天数时间，由直接主管、人事主管审批后，第一联交由人力资源部留存，第二联交由前台备查。未按要求办理者以旷工处理，双倍扣发工资。

5. 事假：

(1) 员工须于工作日亲自办理事假手续，请假一天的应提前一天申请，一天以上的应提前三天申请。不能事先请假者，应在两小时内电话通知本部门主管或人事主管并在上班当日补办手续，否则以旷工计。事假期满应提前办理续假手续。

(2) 请假单必须经过部门主管逐级审批，请假超过5天须报总经理审批，并在审批完成后立即交回人事主管备案，方可生效，未及时提交人事主管备案的请假以旷工论处。

(3) 事假期间不计发工资。

6. 病假：

(1) 因病或非因公受伤，凭医院病休证明准病假，病假计发日工资的60%。

(2) 到医院看病，给假半天，按病假考勤，不影响工资，将病例复印给行政部门备案，超过半天其超过的时间按事假考勤。

7. 工伤

(1) 因公负伤，因公致残，持医院诊断证明经人事主管确认，可按工伤假考勤，工伤假期间计发基本工资。

（2）因公负伤，伤愈复发，经人事主管鉴定，确认为旧伤复发的，可按工伤对待。

8. 婚假：

员工达到法定结婚年龄，持结婚证书申请婚假，享受法定婚假 3 天，男女双方都达到晚婚年龄增加晚婚假 7 天，因双方在外地工作而需到外地结婚的酌情增计路程假。婚假期间不计发绩效工资，婚假不得分段使用。再婚的可享受法定婚假，不享受晚婚假。

9. 丧假：

员工配偶、父母、子女或养父母死亡，给丧假 3 天；祖父、祖母、外祖父、外祖母、岳父母、公婆死亡，给丧假 2 天，假期不计发绩效工资。

10. 产假、计划生育假：

（1）产假一般为 56 天，5 个月内的早产产假 30 天，双胞胎产假 72 天，产假应产前产后连续计算，假期不计发绩效工资。

（2）符合晚育年龄（女 24 周岁）并领取独生子女证者产假为 72 天。女方生育后无人照顾，经女方单位出具证明，给予男员工陪产假 3 天；如女方达到晚育年龄的，增加陪产假至 15 天，假期不计发绩效工资。

（3）女员工计划外生育，其休息时间以事假论。

（4）各种节育、绝育手术按医院的休假证明准假。

（5）配偶在本市工作，行绝育手术后需要护理，可持绝育手术证明享受 2 天的计划生育假，假期不计发绩效工资。

（6）一年内做两次人工流产，其中一次按事假计。

11. 加班、调休：

（1）充分利用每周 40 小时工作时间，提高工作效率，确因工作而加班加点应在加班前填写"加班申请单"，经部门主管审批签字同意后，交由人事主管备案，事后填写的作无效处理。

（2）员工平日加班按实际加班时间给予同等时间调休。

（3）员工可用调休冲抵事假、无病假证明的病假，事前填写调休单。

（4）以上加班、调休条例适用各部门。

（5）此调休制度不适用不定时工作制员工。

12. 带薪年假：

（1）职工累计工作已满 1 年不满 10 年的，年休假 5 天；已满 10 年不满 20 年的，年休假 10 天；已满 20 年的，年休假 15 天。

（2）凡要求休假者，须确保不能影响本职工作，并应提前一周填写休假申请上报人事主管，总经理签字批准后方可休假。未经批准强行休假者，按旷工论处。

（3）一次申请年假的最低天数为半天，通常情况要求员工在本年度内休完。

（4）员工可自行选择用年假抵病、事假。未休年假不可折算成日工资或以现金方式兑付。

（5）正常解除劳动合同或因违纪而被公司解除合同的人员，其未休年假不予兑现或补偿。

（6）带薪年假可累计使用，但不得提前或跨年度使用。

13. 员工须提前一天填写各类考勤单据，经部门主管签字，交于人事主管，获准后生效。如遇紧急情况，不能事先请假，应在两小时内电话通知本部门主管和人事主管并在上班当日补办手续，否则以旷工计。

第 6 条　考勤统计及评价

每月考勤由人事主管统计并备档，公司将以此作为员工升职及年终奖金发放的重要依据。

第 7 条　加班调休的规定

所有部门调休申请由调休人填写"请（休）假单"，部门主管签字后，在休假前第一联交由前台备查，第二联交由人事主管存档，如未事先请假，则计为旷工。加班须在加班当年调休，次年清零，人事主管会每月统计一次，将每人的可调休记录天数发到员工邮箱，如有异议的应在收到邮件后的 3 个工作日内提出，未提出者视为无异议，人力资源将按照此记录执行工资考勤核算。

第 8 条　附则

1. 所有考勤单据均在人事主管处领取，由员工本人填写，经审批后 2 小时内交回人事主管，方可生效。

2. 公司人事主管执行本制度，经发展规划中心研讨、总经理批准后执行。

3. 本制度自签发之日起正式施行，原《公司考勤制度》即废止。

3.3　人事档案套表

表3-1　求职登记表

应聘职位：　　　　　　　　　　　　　　　　　　日期：　　年　　月　　日

姓　名		性　别		出生日期		
身　高		民　族		婚姻状况		照片
籍　贯		身份证号码				
文化程度		毕业院校		专　业		
英语水平		英语能力：□听 □说				
电脑水平		其他外语水平：				
户口所在地详细地址				电　话		
现住地址		宅　电		手　机		

受教育经历（由高中/中专起）			
起始年月	学校名称	所学专业	获证件名称

受培训经历			
起始时间	培训机构	培训专业	获证件名称

工作经历				
起始年月	工作单位	担当职务	联系电话	离职原因

个人特长

可到职时间		待遇要求	
审　批			

各项内容属实，各种证件真实有效，如有虚假，愿承担一切责任！　　保证人：

表3-2 员工人事资料卡

日期： 年 月 日　　　　　　　　　　　　　　　　　　档案编号：

姓名		工号	性别	出生日期	照片
				年 月 日	
籍贯	省　　　　市				
现住地址	县　区　乡　镇　里　邻 市　路　街　巷　弄　号				
身份证号码				统一代号	
专长					
爱好					

入职经过	介 绍 人	□有＿＿＿＿＿　□无
	有无经过考核	
	报 到 日 期	
	与前单位是否存在劳动纠纷	□有＿＿＿＿＿　□无
	在之前单位是否有不良记录并处罚过	□有（进行中）　□有（已结束）　□无

经历	服 务 单 位 名 称	职别/工资	离职原因

工资	年 月 日	工 资	记 事

学历	学 校 名 称	级 别	毕业日期

记事	

各项内容属实，各种证件真实有效，如有虚假，愿承担一切责任！　　保证人：

表3-3 员工离职交接表

姓名		性别	
身份证号码	□□□□□□□□□□□□□□□□□□		
所在部门		职 位	
入职时间		离职时间	
离职性质	□辞退		□辞职

所在部门交接	是/否	部门主管意见及签字
1. 本人工作是否交接完成：		
2. 电脑/手提是否归还：		
3. 其他办公用品是否交还：		
4. 其他：		
行政部门/信息主管交接	是/否	部门主管意见及签字
1. 门卡、钥匙是否归还：		
2. 工作服是否归还：		
3. 其他：		
人事部门/信息主管交接	是/否	部门主管意见及签字
1. 五险有关资料是否归还本人：		
2. 合同废止：		
3. 其他：		
财务部门/信息主管交接	是/否	部门主管意见及签字
1. 职工欠费：		
2. 工资结算：		
3. 其他：		

总经理/校区总监意见及签字：

离职员工本人签字：

办理流程：1. 离职员工先到人事部领取表格后去相关部门交接签字。

    2. 交接完毕后核对无误由员工本人签字确认。

    3. 最后请将表格返回人事部，由人事部归档保存，手续未办理完结不予结算工资。

3.4　加班申请单

表 3-4　加班申请单

档案编号：

部门：　　　　　　　姓名：　　　　　　　职务：

加班日期	预计加班时间（起止时间）	加班原因	加班处理	
			加班费（平时、法定假日）	调休（周末）
___月___日起 共_____天	___:00 ~ ___:00 ___:30 ~ ___:30			

直属领导审批	（副）总经理批复	人力资源部审核	本人身体状况良好，自愿加班。申请人签名：日期：_____年___月___日

3.5　请（休）假申请单

表 3-5　请（休）假申请单

档案编号：

部门：　　　　　　　姓名：　　　　　　　职务：

请假时间	年　月　日　时 - 年　月　日　时，共：

请假类别：
□调 休（冲减加班日期：　月　日）（加班申请单号：_____）
□病 假　　□婚 假　　□产 假　　□陪产假（以上假别请附上相应证明）
□事假（事由说明）：_____
□公出（事由说明）：_____
□年休假　　□其他（请说明）：_____

对上述所填内容本人表示全部属实并将严格按照公司请假程序执行，发现上述内容与事实不符，本人愿按照旷工处理接受处罚。

本人签名：　　　　　　年　月　日

工作安排	请（休）假期间本人电话		职务代理人签字	
直属领导审批		年　　月　　日		
（副）总经理批复		年　　月　　日		
人力资源部审核		年　　月　　日		

3.6 外出审批单

表 3-6 外出审批单

档案编号：

部门：		姓名：		职务：		日期：	年 月 日
外出事由：							
外出地点		联系人			联系方式		
出发时间		交通工具			预计返回时间		
业务外出补充事项							
合作单位名称				洽谈事宜			
意向书（服务函）编号				洽谈意向金额预估			元
补充说明：							

注：1. 凡外出时间超过1小时以上者，均填写该审批单，否则一律以旷工处理。

2. 凡外出与业务有关者，必须带上客户服务确认函（或意向协议）、名片及公司材料，返回时确认函必须加盖带有对方单位名称的印章（或签名），否则视为无效外访。

派遣领导签字： 　　　直属领导审核： 　　　（副）总经理批复：

3.7 调档提请函

表 3-7 调档提请函

档案编号：

档案室（负责人）：

　　兹有单位_____（部门）同志，因需要前来调取_____档案或材料，将于___年___月___日前归还。请务必协助提供并做好登记工作。

归还确认	档案负责人签收： 年　　月　　日	总经理办公室 签发人： 年　　月　　日

CHAPTER FOUR

- 第4章

行政制度

4.1 员工日常行为规范

4.1.1 执行总则

1. 公司将努力创造良好的工作环境及人文环境，和所有同事一起在稳定发展的环境下开创更广阔的事业。

2. 公司和员工都应提高自身素质，树立良好的形象，营造和谐的办公环境；

3. 公司对全体员工的要求是：努力、求实、创造、团结、高效，强烈的责任感和归属感，实现企业与个人共同发展。

4. 每一位员工都应自觉遵守社会公德、严格遵守公司的制度，和公司紧密沟通，在违反公司制度时自愿接受一定处罚。

5. 严于律己、宽以待人、坦诚相见，同事之间互谅互让，团结协作，以团队利益为最高利益及评判标准。

6. 就事论事，不将个人好恶和公司各项工作混为一谈，公平对待，公正处理。

7. 树立团队观念，积极参加公司组织的各项活动。

4.1.2 适用范围

公司全体员工、所有直营终端导购。

4.1.3 责任

本制度的检查、监督部门为行政主管、各部门主管、经理、总经理共同执行。

4.1.4 规范条款

1. 员工行为规范

（1）行为规范

1) 按操作规程使用各种工作、生活设备、设施。礼貌待人，穿戴整齐，不得在办公区域穿拖鞋，举止大方，同事之间互道问候。

2) 办公区域及仓库重地内严禁大声喧哗、吸烟等不文明举止，不得将与工作无关的人员带入工作场所，违者罚款100元/次。不影响他人工作，手机等通信工具设置至静音或震动，上班时间不做与工作无关的事，违者罚款。

3）工作交流尽量使用内部通信网络，必要时可用 QQ 交流，上班时间不得浏览与工作无关的网站，不得查看与工作无关的视频，播放与工作无关的音乐，不得在工作电脑上安装游戏软件，上班时间严禁玩游戏，以上内容每违反一项，罚款 100 元，由行政部严格执行，各部门主管负责配合落实监督执行。

4）除不定时工作制员工以外，所有员工上班均不准迟到或早退，如有需要请假应及时向直属主管说明请假的原因。（详见公司考勤制度的相关规定）

5）上班时间不准无故长时间离开办公区域，如有需要应先向直属主管申请获得许可，主管如需长时间离开办公区域，需向经理申请获得许可，经理如需长时间离开办公区域，需向总经理申请获得许可，遵从逐级上报审批的原则。

6）自觉保护公司技术、财务、管理上各种机密（包括薪资机密），违反此规定的员工，一经发现将给予直接解雇的严肃处理；重要文件、资料要随时存放，注意保密工作待处理文件和已处理文件不能散放于桌面，自觉及时整理。（见公司各岗位保密制度的相关规定）

7）指定区域外不得将任何食物等残留在办公区域内。

8）保护环境卫生，下班前整理好自己的桌面，把椅子归位。

9）节约能源，最后离开办公区域的员工切断不必要电源并锁好办公室的门窗。

（2）电话规范

1）上班时间，无特殊原因，不得拨打私人电话。

2）员工听到电话铃声在办公室内响起应及时接听，如同事不在位置上，电话响起，邻座的员工应及时帮助接听处理，做好记录并留下对方联系方式，给予及时转达和处理。

3）员工接听电话的标准用语是"您好，** 公司！"。

4）接听电话的原则是：规范、简洁、礼貌。

2. 沟通渠道

（1）公司鼓励员工适时的与同事及主管沟通，沟通时应注意方法及渠道。

（2）平时工作中涉及需要协调或交办的事宜，采用书面方式与电邮方式。

（3）办公场所严禁使用粗话脏话、对同事不得使用暴力、不得辱骂同事，情节严重者予以辞退。

3. 名片印制规定

（1）名片印制分新进员工的名片印制及补印。

（2）名片印制，应在名片使用前五天提出申请，填写"名片印制申请单"，由部门主管审核后报总经办批准后交付印制。

4. 办公用品

（1）按规定申领办公用品（详见"办公用品申领采购流程"）。所有从公司申领的用品均为公司财物，要妥善保管、正确使用，不能占为己有，离职时须交还。

（2）对于可以重复利用的用品，必须重复利用。除印有涉及商业秘密的资料外，所有打印纸应双面使用。

（3）正确使用办公用品，如因个人使用不当而造成损坏者，需按规定做出赔偿。

5. 车辆使用

需要使用车辆的部门必须在用车前的一个工作日向行政部提出申请，经相关部门主管审批确认签字后交给技术助理派车，用车流程请参见公司用车管理制度。

4.1.5 奖罚

1. 未按本规定执行的人员第一次给予警告处分，第二次起视情节轻重罚款 10~50 元/次。

2. 未按监督流程行使监督权利的，第一次给予警告处分，第二次起视情节轻重罚款 20~80 元/次。

4.1.6 附则

1. 本规定由行政部制订并归口管理，涉及的所有罚款均列入公司的活动基金，由行政部统一收取，财务部统一管理。

2. 本规定自总经理批复之日起实施。

3. 本制度的最终解释权归公司所有。

4.2 月度事务自评表

表4-1 月度事务自评表

_____（姓名） _____月 _____日－_____日

星期	日期	重要事务	主要事务	需要天数	起日	止日	自评结果
星期一	2			1	2	3	
星期二	3			1	3	4	
星期三	4			1	4	5	
星期四	5			1	5	6	
星期五	6			1	6	7	
星期六	7			1	7	8	
星期日	8			1	8	9	
星期一	9			1	9	10	
星期二	10			1	10	11	
星期三	11			1	11	12	
星期四	12			1	12	13	
星期五	13			1	13	14	
星期六	14			1	14	15	
星期日	15			1	15	16	
星期一	16			1	16	17	
星期二	17			1	17	18	
星期三	18			1	18	19	
星期四	19			1	19	20	
星期五	20			1	20	21	
星期六	21			1	21	22	
星期日	22			1	22	23	
星期一	23			1	23	24	
星期二	24			1	24	25	
星期三	25			1	25	26	
星期四	26			1	26	27	
星期五	27			1	27	28	
星期六	28			1	28	29	
星期日	29			1	29	30	

4.3　公司用车管理制度

总则

第一条　目的

为了加强和规范公司管理，减少用车费用和降低公司成本，本着安全、节约、有序、高效的原则，更好地为公司服务，提高工作效率，特拟定此制度。

第二条　适用范围

本制度所指车辆均指公司的业务办公用车。

第三条　主管单位

1. 公司车辆由行政主管统一调度，行政助理管理。各部门出差及业务办公用车应向行政主管登记申请，填写《车辆使用申请单》，由行政助理派发车辆钥匙。

2. 如未出车，钥匙归行政主管统一管理，任何人不得私自保留车辆钥匙，出本市须由总经理批准。

3. 公司业务办公用车的证照保管，车辆年审、车辆保险及养路费支出等事项统一由行政主管负责管理，司机提醒，行政助理落实执行。

用车管理

第一条　员工外出办事，三公里以内，应首先选择公共交通（经理级别以上人员及财务部支取大额现金用车除外）。其他符合条件的用车，应向行政主管登记申请。

第二条　行政主管依重要性顺序派车，不按规定办理申请手续者，一律不得派车。

第三条　员工因私借用公车，需经行政主管同意，并经总经理签署派车单后，行政主管方可派发车钥匙。交还公车前必须保持车辆整洁、外观无损伤、车况正常，并按行驶里程计收油费，使用期间发生的违章费用及相关车辆费用由用车人自己承担。

第四条　节假日或业余时间车辆的使用应呈请行政主管、总经理办公室核准后方可调派。

车辆及行驶管理

第一条　车辆实行节假日及夜间归位管理，下班后必须按公司指定的存车地点存放，任何人不准随意更换存车地点，或将车辆开回家，如遇特殊情况必须提前通报行政主管并请示总经理批准。

第二条　车辆每日作业任务结束后和节假日应停放在公司指定场所，并将车门锁妥，未锁妥造成车内财物遗失及车辆丢失由车辆负责人承担一切责任。

第三条　公司一般公务用车应指定特约修理厂维修，否则维护费不予报销。如情况特殊，经总经理同意可据实报销。可自行修复的，报销购买材料零件费用。

第四条　车辆于行驶途中发生故障或其他耗损急需修复、更换零件时，可视实际需要进行修理，但无迫切需要或修理费超过200元时，应事先征得行政主管批准。

第五条　如因驾驶员使用不当或车管专人疏于保养，致使车辆损坏或机件故障，其所需修护费，应依情节轻重，由公司或责任人予以承担。

第六条　在无照驾驶、非公驾驶外出、未经许可车辆驾驶员将车借予他人使用，违反交通规则、发生事故或造成车辆损坏等情况，由车辆驾驶员及其直接责任人承担一切后果。

第七条　私闯红灯、乱停车、驾驶未佩戴安全带、超速等驾驶车辆违反交通规则的行为，其罚款和费用由驾驶人员自行负担。其余根据具体情况，另行确定责任。

第八条　各种车辆如在公务途中遇不可抗拒车祸发生，应先急救伤者，向附近公安机关报案，并立即与行政主管联络处理。突发性其他临时事故或故障，也应遵守"先报告再处理"原则。

第九条　发生责任事故造成经济损失时，按实际损失，责任者应赔偿。

1．一般事故（经济损失在1000元以下）：按经济损失的50%处罚。

2．严重事故（经济损失在1000～5000元）：按经济损失的40%处罚。

3．重大事故（经济损失在5000～10000元）：按经济损失的20%处罚。

4．特大事故（经济损失在10000元以上者）：按经济损失的10%处罚。

第十条　因意外事故造成车辆损坏，其损失在扣除保险金额后，按第九条执行。

第十一条　发生交通事故后，如需向受害人赔偿损失，经扣除保险金额后，按第九条执行。

第十二条 公司领导自行出车，出现责任事故，按本制度规定处理。

第十三条 在行政主管领导下，公司驾驶员要认真做好对公司领导和各部门的驾驶服务，对于行政主管发出的指令无条件服从执行，违者一次罚款 50 元。

第十四条 公司驾驶员凭"车辆使用申请单"出车，未经行政主管批准，不得用公车办私事，违者一次罚款 50 元，情节严重者立即辞退。

第十五条 公司职工不得用公车学习汽车驾驶，否则，一切后果及损失由车辆保管者负责。

第十六条 驾驶人应严守交通规则，出现交通违章按第十一条处理。

第十七条 对乘车者服务要求：

1. 不论用车者是否是本公司职工，司机都应热情接待，礼貌服务，安全驾驶，遵守交通规则，确保交通安全。

2. 接送乘车人过程中应维护公司的良好形象，不讲粗话脏话。

3. 司机应在乘车人（特别是公司客人和干部）上下车时，主动打招呼，开关车门。

4. 当乘车人上车后，司机应向其确认目的地。

5. 当乘车人下车办事时，司机一般不得离车。

6. 乘车人带大件物品时，司机应予以帮助，否则发生举报事件罚款 20 元/次。

第十八条 离车注意事项：

1. 司机因故需离开车辆时，必须锁死车门。

2. 车中放有贵重物品或文件资料，司机必须在离开时，应将其放在后行李箱后加锁。

第十九条 出发前后验车工作要求：

1. 清洁车内外卫生，确保整车干净整洁。

2. 行车前要坚持勤检查，做到机油、汽油、刹车油、冷却水备齐；轮胎气压、制动转向、喇叭、灯光正常；确保车辆处于安全、可靠的良好状态。

3. 司机应根据目的地选择最佳的行车路线。

4. 随车运送物品时，收车后需向管理责任者报告。

第二十条 个人形象要求：

1．司机要保持良好的个人形象，保持服装的整洁卫生。

2．注意头发、手足的清洁。

3．注意个人言行。

4．在驾驶过程中，努力保持正确的姿势。

第二十一条 因公外出晚间23时以后返回公司的车辆驾驶人员及员工，可根据情况凭票报销一趟返回住所的出租车费。

第二十二条 司机与公司领导或客户同行时，应保守机密，不得随意泄露任何相关信息及内容。

第二十三条 属公司所有的其他各种车辆（包括货车、小轿车等）参照本管理制度的有关条款执行。

第二十四条 未尽事宜按《中华人民共和国道路交通法》和相关法律法规执行。

第二十五条 本制度经行政主管起草，发展规划中心核定、总经理签发后公布施行，行政主管对其负有解释权。

行车纪律及驾驶员管理

第一条 司机必须遵守《中华人民共和国道路交通管理条例》及有关交通安全管理的规章规则，安全驾车。并应遵守本公司的各项规章制度。

第二条 司机应爱惜公司车辆，按公里数进行车辆保养，经常检查车辆的主要机件。每月至少用半天时间对自己所开车辆进行检修，确保车辆正常行驶。

第三条 出车前，要例行检查车辆的水、电、油及其他性能是否正常，发现不正常时，要立即加补或调整。出车回来，要检查存油量，发现存油不足一格时，应立即加油，不得出车时才临时去加油，加油需配合管理人员填写"加油卡使用记录"。

第四条 司机发现所驾车辆有故障时要立即检修。不会检修的，应立即报告行政主管，并提出具体的维修意见（包括维修项目和需要的经费等）。未经批准，不得私自将车辆送厂维修。

第五条 出车在外，不能在不准停车的路段或危险地段停车。司机离开车辆时，要锁好车窗及保险锁，防止车辆被盗。

第六条 司机对自己所开车辆各种证件的有效性应经常检查，出车时要保证证件齐全。

第七条 晚间司机要注意休息，不准疲劳驾车，严禁酒后驾车。

第八条 司机每次出车返回后，车钥匙必须交到前台保管，出车时必须凭"车辆使用申请单"领取车钥匙，并提醒用车人员把信息填写完整。否则罚款10元/次。

第九条 司机要调休必须提前一天向部门主管递交申请，同时通知前台，否则罚款50元/次，负责接送员工的司机在出差或者因其他事情耽搁不能准时去接员工的前提下，应自行安排其他司机去接，如果不能安排因提前一天告诉前台，让前台安排，否则造成员工不能准时上班者，罚款50元/次。

第十条 下个使用车辆的司机请查看上个使用车辆的司机车辆使用登记表，看其表中三个公里数是否填写，未填写者请提醒其填写，如直属主管查到公里数未填写者，未填写司机按上述罚款制度进行处罚，下个车辆使用司机罚款10元/次。

第十一条 司机驾车要遵守交通规则，文明开车，不准危险驾车（包括超速、插队、紧跟、争道、赛车等）。

第十二条 司机因故意违章或证件不全被罚款及车辆故意损坏需维修的，费用不予报销。违章造成的后果由当事人负责。

第十三条 车内严禁吸烟。本公司员工在车内吸烟时，应有礼貌地制止；公司外的客人在车内吸烟时，可婉转告诉本公司陪同人，但不能直接制止。（贵宾客除外）

第十四条 司机对乘车人要热情、礼貌，说话应文明。车内客人谈话时，除非客人主动搭话，不得随便插话。

第十五条 上班时间内司机未被派出车的，应随时在办公室等候出车，不得串岗。

第十六条 司机应每天关注"配车预定表"的各项安排，对行政主管的工作安排，应无条件服从，不准借故拖延或拒不出车，不得装载超出安排的人员及货物，更不得公车私用，出车返回应及时在"车辆使用登记表"上做好返回记录。

第十七条 司机出车执行任务，遇特殊情况不能按时返回的，应及时通知行政主管，并说明原因。

第十八条　不论什么时间，司机身上必须配带通信设备，并保持开机状态，以便随时与公司取得联系。

第十九条　下班后，应将车辆停放在规定的车库里，不准私自用车，违者罚款100元/次。

第二十条　未经批准，不得将自己保管的车辆随便交给他人驾驶或练习驾驶；严禁将车辆交给无证人员驾驶；任何人不得利用公司车辆学习开车。

第二十一条　如因需要其他驾驶员驾车的，应在"车辆使用申请单"上注明驾驶员姓名，经行政主管核准后，方能将车辆钥匙交给其他驾驶员。

第二十二条　司机季度奖金的考核依据全年安全行车情况，以及平时的各项表现制定，由行政主管行使最终考核权及薪资具体发放金额的权限。

第二十三条　行政主管负责司机每月的考核工作，考核结果作为每月绩效津贴的依据。对于工作勤奋、遵守制度、表现突出的，可视具体情况给予嘉奖、记功、晋级等奖励；对工作怠慢、违反制度、发生事故者，视具体情节给予警告、记过、降级直至开除处理。

出车

第一条　司机应爱护公司车辆，每天清洁车辆和出车前保养，检查车辆油料、有效证件、水位等情况，保证车辆随时处于良好状态。

第二条　行政主管根据车辆的使用情况及用车的合理性安排出车，用车司机在出车前必须把车辆的"出车登记表"每项内容都详细登记好，未填写完整者，负责该车辆管理的司机罚款50元/次。填写不真实罚款100元/次。

第三条　司机接到"车辆使用申请单"后，问行政助理领取车辆钥匙，并在"车辆使用申请单"上的"车辆钥匙领用人签名"处签名确认已领取车辆钥匙，按规定时间随用车人员准时出车。

第四条　每次出车前，应认真详细地填写"行车记录表"，核对内容，应将驾驶人员、随车人员、用车事宜、实际出车时间和起始公里数等内容准确填写，并得到用车人的确认，填写时字迹不得潦草，更不得弄脏、丢失，丢失一张行车记录表，罚款50元。

第五条　车辆行驶途中应特别注意安全行驶及遵守交通规则，因违章造成的各种罚款，由当时的驾驶人员承担全部责任。

第六条　因车辆停放、保管不妥导致车辆被盗、毁损而造成的损失，由当时的驾驶人员承担所有责任。

第七条　车辆须保持干净整洁，每次使用车后，要主动打扫清洁车辆，保持公司良好的形象。车辆驶回后，应停放在固定停车场，并将车门锁妥，填好"行车记录表"。

第八条　出车回来，所有驾驶该车的人员均要如实填写"行车记录表"，每月月底至次月1日前将"行车记录表"交回行政助理，并由行政助理提交行政主管。行政主管负责对"行车记录表"各项内容予以审查，并于每月将此表汇总上交公司统一的档案库。如"行车记录表"资料不全、不实，公司将分责任程度对相关人员处以50～100元/次的罚款。

车辆维修及保养

第一条　公司车辆统一由行政主管保管，出车途中由司机负责保管。

第二条　车辆的保养、检修、年检和养路费、保险费的缴纳及其办理相应手续，保险事故的索赔由行政主管负责，并由行政助理及行车司机协助办理。

第三条　车辆如未按时办理年检、缴费（税）、保险等其他相关手续，所造成的一切责任和罚款，由行政主管负责，每次根据情节的严重性处以50～100元不等的罚款。

第四条　车辆的附带资料如保险单、年检资料等，除行驶证、附加费、养路费、保险卡由各使用人随车携带外，统一由公司统一档案库保管，不得遗失。

第五条　车辆损坏，须填好"车辆维修申请单"，说明损坏原因和损坏程度，经行政主管同意，方能到定点专业修理厂进行维修，如需大修（维修金额在500元以上）须请示总经理同意方可进行。如果属人为损坏，由导致损坏的人员承担相关费用。

第六条　车辆去修理厂维修前，司机应提出应修处和所换零部件并事先谈好价格。维修时，要求该车的司机必须在场监督修理，发现问题及时向修理厂提出。换零部件时，零部件自己购买。在一个月内，同一问题不得反复修理，司机必须在修理时现场监督修理人员的修理进度与修理情况,如发现当月超过1次同一问题的修理,第2次的修理费用由司机个人承担。

对司机要求和考核制度

第一条 司机必须服从调配安排。积极遵守公司的规章制度及《中华人民共和国道路交通安全法》。要有较高的责任感和认真负责的工作态度及严格的纪律性。

第二条 司机不得多填或少填"车辆使用申请单"中的起始公里数和返回公里数,允许的误差不超过1公里,如发现多填或少填的里程数超过1公里,则按多填少填的公里数,每公里罚款20元处理。

第三条 车辆造成交通事故后,经交警方判决如事故的主要责任在我方司机时,公司保留追究由司机承担所有责任的权利,包括扣发当月工资及责成其根据公司损失情况赔偿相应的经济损失。

第四条 司机在出车途车中,不得公车私用,一旦发现上述情况,车辆发生的所有费用由司机个人承担,并处以每次100元的罚款。

第五条 司机要不断提高服务质量,熟悉行车路线,保证公司正常业务用车并降低车辆的费用。

第六条 司机要注意休息,没有特殊工作上的需要,不宜睡觉太晚,要保持良好的工作状态。

第七条 节约用油,降低消耗。司机要控制空调的使用,规定冬季用车时不开空调,天气不十分炎热和长时间等人办事时,司机不准在车上开空调,公司会按照车辆不同情况限量用油,控制修理费用,并实行节约奖励、浪费罚款的规定。

附则

第一条 行政主管将定期抽查车辆的停放情况,如发现车未按指定地点停放或无出车安排时车辆不在场,按照规定对司机做出处理,双倍扣发当日司机工资,并同时给予警告处分一次,当月连续被警告两次者予以辞退。

第二条 私事用车时,其停车费、公路桥梁收费一概由使用者自负,对于因私事使用车辆造成事故所发生的各项费用,除了保险公司的理赔外,其实际费用与理赔之差额,由使用者承担,且其他责任由使用者自负。

4.4 广告制作流程

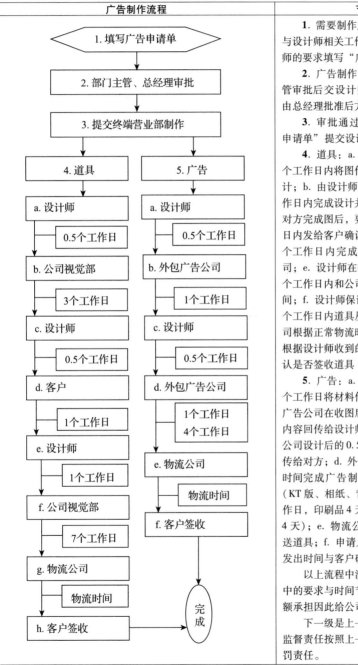

图4-1 广告制作流程图

节点说明

1. 需要制作广告、设计图纸、道具等与设计师相关工作内容的部门，根据设计师的要求填写"广告申请单"

2. 广告制作200元以下的，由部门主管审批后交设计师执行；高于200元的，由总经理批准后方可设计制作

3. 审批通过后，由申请人将"广告申请单"提交设计师执行

4. 道具：a. 设计师在收图后的0.5个工作日内将图传送至公司视觉部进行设计；b. 由设计师督促对方收图后的3个工作日内完成设计并回传；c. 设计师在收到对方完成图后，要求申请人在0.5个工作日内发给客户确认；d. 客户在收到后的1个工作日内完成图纸确认并回传至我公司；e. 设计师在收到客户确认的图纸的1个工作日内和公司视觉部确认道具明细时间；f. 设计师保证在道具明细确认后的7个工作日内道具从道具厂发出；g. 物流公司根据正常物流时间发送道具；h. 申请人根据设计师收到的物流发出时间与客户确认是否签收道具

5. 广告：a. 设计师在收图后的0.5个工作日将材料传送至外包广告公司；b. 广告公司在收图后的1个工作日内将设计内容回传给设计师；c. 设计师在收到广告公司设计后的0.5个工作日给予确认并回传给对方；d. 外包广告公司按照公司要求时间完成广告制作并在规定时间内发出（KT版、相纸、背胶、喷绘、X架1个工作日，印刷品4天、门头字2天、发光字4天）；e. 物流公司根据正常物流时间发送道具；f. 申请人根据设计师收到的物流发出时间与客户确认是否签收道具

以上流程中涉及的岗位如未按照制度中的要求与时间节点完成自己的工作，全额承担因此给公司造成的所有经济损失。

下一级是上一级的监督方，若未履行监督责任按照上一级处罚标准承担连带处罚责任。

表4-2 媒体推广、印刷品及礼品定制审批函

档案编号：

未通过该审批函审批的对外宣传推广、印刷品及礼品定制一律视为个人行为，一切费用由执行人自理，给公司带来不良影响的，公司保留索赔的权利。

需求部门填写	需求部门：□市场部　□_____省代　□终端编号：_____　□其他部门：_____ 目的及作用： □提高品牌知名度　□促进业务拓展　□增加网站点击率　□促销活动专用　□专题推广活动 其他补充说明： _____
发展规划中心填写	研讨会参与部门：□市场部　□销售部　□省代　□部门直属全体成员　□其他：_____ 效果预估 受众人群数量：_____人； 可实现直接人流量：_____人； 可增加网页浏览量：_____人； 可带动直接效益：_____万元； 可带动间接效益：_____万元； 其他效果说明： _____ 本人对投放效果负有责问义务！ 市场部经理签名： 销售部经理签名： 与会客户签名： 其他与会人员签名： 发展规划中心意见： 　　　　　　　　　　　　　　　　　　　　签名：　　　　　日期： 文案确认人：_____　美工确认人：_____　投放或制作单位联络人：_____ 预算申报： 1. 投放或制作单位名称：_____，合同编号：_____ 2. 协议金额：_____元，结算日期：____年____月____日，财务预算批复： 3. 数量：_____；使用周期：_____；其他量化单位：_____
营销中心审核	单价调整为：_____元；数量调整为：_____；周期调整为：_____；其他量化：_____； 协议最终确定金额：_____元；是否已确认执行细节：□是　□否 其他补充意见：
（副）总经理批复	确认内容（缺一不可）：□效果预估　□受众人群　□投放或制作协议　□文案　□美工　□协议内容 批复意见：

4.5 直营终端物品管理流程

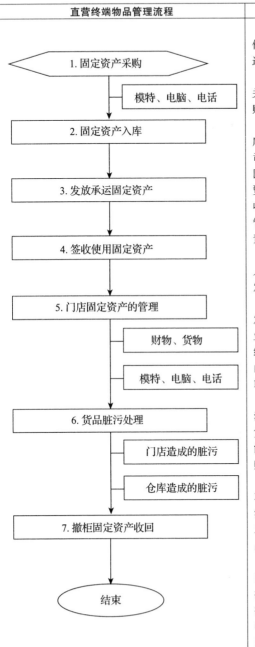

直营终端物品管理流程	节点说明
1. 固定资产采购 模特、电脑、电话 2. 固定资产入库 3. 发放承运固定资产 4. 签收使用固定资产 5. 门店固定资产的管理 财物、货物 模特、电脑、电话 6. 货品脏污处理 门店造成的脏污 仓库造成的脏污 7. 撤柜固定资产收回 结束	1. 终端营业部在门店硬装完成前的15个工作日向行政部提出采购申请，行政部根据申购单进行固定资产的采购 2. 行政部采购好申购单的物品后，根据相关票据在信息系统中办理固定资产登记入库，由财务部负责审核 3. 行政部完成固定资产登记后，将物品入库到公司仓库，仓储主管在店铺硬装完成后将公司模特同一时间配送到开业的门店。行政部交付固定资产给仓储主管时，仓储主管应检查该固定资产是否完好无损，是否可以正常使用，一旦签收入库后，发生的损坏由仓储主管承担。配送主管在保管及运输过程中发生对物品的损坏，赔偿责任由配送主管承担 4. 配货员在到达门店后将物品交付给门店负责人员时，终端负责人应检查物品是否损坏，签收后发生的物品损坏，赔偿责任由终端负责人承担 5. 公司固定资产、财务、货物在直营门店发生丢失且无法追回的以及人为损坏的由终端营业部承担赔偿责任。物品价格低于5000元的由终端营业部全额承担赔偿，5000～10000元的，由终端营业部承担80%赔偿，公司承担20%；10000元以上的由终端营业部和公司各承担50% 6. 由门店退回公司的货品，发现有脏污，清洗后不影响第二次销售的，由终端营业部承担货品的清洗费用，一件货品10元。清洗后如不能再进行二次销售的，此货品由终端营业部人员购回，按照该货品的批发价格进行赔偿 在仓库保管过程中发现货品有脏污，清洗后不影响第二次销售的，由仓储主管承担货品的清洗费用，一件货品10元。清洗后如不能再进行二次销售的，此货品由仓储主管购回，按照该货品的批发价格进行赔偿 7. 在撤柜时配货员应监督终端营业部做好模特的包装工作，以免影响模特在运输途中发生刮花、损坏，不能再进行使用。由于包装问题导致的物品损坏责任由终端营业部承担，由于运输问题导致的物品损坏由配送主管承担。在配货员运回公司后，电脑、电话由行政部收回监管，由于行政部监管不力造成损失的由行政部承担赔偿责任

图 4-2　直营终端物品管理流程图

CHAPTER FIVE

• 第 5 章

财 务 制 度

5.1 货币资金管理制度

总则

第一条 为了加强对公司货币资金的内部控制和管理，保证货币资金的安全，提高货币资金的使用效率，根据《中华人民共和国会计法》《加强货币资金会计控制的若干规定（征求意见稿）》《现金管理暂行条例》等法律法规，结合公司的实际情况，制定本制度。

第二条 本制度所称货币资金是指公司所拥有的现金、银行存款和其他货币资金。

第三条 本制度适用于公司的各职能部门和生产车间。

第四条 公司办理有关货币资金的收入、支付、保管事宜时，应遵循本制度的规定。

第五条 本制度应根据国家法律法规和会计准则的更新，而做相应的修订。

货币资金管理原则与依据

第六条 为了加强公司的资金管理，提高资金的使用效率，公司实施资金预算制度，资金预算的编制和审批严格遵循资金预算流程的规定。

1. 公司根据实际情况，制定年度资金预算，对公司的资金管理工作起指导性作用。

2. 公司根据年度资金预算和月度工作计划，编制月度资金预算，是公司月度资金管理的指令性标准。

第七条 公司财务部设资金管理岗，负责收集各部门的月度资金收支计划，编制公司的月度资金预算，提交公司月度工作会议讨论批准。

第八条 批准后的月度资金预算是公司下月资金使用的准则，必须严格遵守。预算外资金的使用由使用部门申请，主管副总经理、总经理共同批准后，财务部方可办理。

第九条 办理货币资金业务的人员应当具备良好的职业品质，忠于职守，廉洁奉公，遵纪守法，客观公正，不断提高会计业务素质和职业道德水平。

第十条 单位应当按照规定的程序办理货币资金支付业务。

1. 支付申请。单位有关部门或个人用款时，应当提前向审批人提交货币资金支付申请，注明款项的用途、金额、预算、支付方式等内容，并附有效经济合同或相关证明。

2. 支付审批。审批人应当根据货币资金授权批准制度的规定，在授权范围内进行审批，不得超越审批权限。对不符合规定的货币资金支付，审批人应当拒绝批准。

3. 支付复核。复核人应当对批准后的货币资金支付申请进行复核，复核货币资金支付申请的批准程序是否正确、手续及相关单证是否齐备、金额计算是否准确、支付方式是否妥当等。复核无误后，交由出纳人员办理支付手续。

4. 办理支付。出纳人员应当根据复核无误的支付申请，按规定办理货币资金支付手续，及时登记现金日记账和银行存款日记账册。

现金管理

第十一条 公司办理有关现金收支业务时，应严格遵守国务院发布的《现金管理暂行条例》及其实施细则与本制度的规定。

第十二条 财务部是公司会计核算、财务管理的职能管理部门，公司的现金收支和保管业务均由财务部统一办理。

第十三条 会计、出纳人员应严格职责分工，出纳人员的资格由财务部和企管部审查认可，现金的收入、支出和保管只限于出纳人员负责办理，非出纳人员不得经管现金。

第十四条 现金收入要当天入账，当天联系存入银行，禁止坐支。邮寄、邮汇的收、付款应有专门登记簿登记，记录汇款来源及汇款去向，经济业务事项、金额、转交和签收的事项。

第十五条 现金收入须由会计人员开出收据或发票，及时编制收款凭证，出纳清点现金后，在凭证上加盖"现金收讫"章后方可入账。

第十六条 现金付款业务必须有原始凭证，有经办人签字和公司制度规定的有关负责人审核批准，并经会计复核、填制付款凭证后，出纳才能付款并在付款凭证上加盖"现金付讫"章后入账。现金付款的原始凭证必须是合法凭证，付款内容真实，数字准确，不得涂改。

第十七条 现金的使用范围

1. 职工工资、津贴。

2. 个人劳务报酬，包括稿费和讲课费及其他专门工作的报酬。

3. 根据国家规定发给个人的各种奖金。

4. 各种劳保、福利费用以及国家规定对个人的其他支付。

5. 出差人员必须随身携带的差旅费。

6. 结算起点 2000 元以下的零星支出。

7. 中国人民银行确定需要支付现金的其他支出。

第十八条 为了认真执行有关库存现金限额的规定，保证公司费用开支、公出借款和医药费报销等业务使用现金。凡一次借款或报销在 2000 元以上的，应提前一天告知财务部出纳人员，以便出纳筹款备付。

第十九条 任何个人不得私用或私借公款，凡因公需要借用现金，按照本制度借款报销的有关规定执行。

第二十条 公司应该按不同的币种，设现金日记账，出纳根据收付款凭证，按业务发生顺序逐笔登记现金日记账，做到日清月结，保证账款相符，发现差错应及时查明原因，并报财务部负责人处理。

第二十一条 公司财务部应按照开户银行核定的库存现金限额提取和保留现金，库存现金限额需要变动时，必须报经开户银行批准，从开户银行提取现金，应当写明用途。

第二十二条 在节假日、公休日期间，严禁存放大量现金，出纳人员应作好保险柜的安全管理工作。

第二十三条 提取 10000 元以上的现金时，财务部门应有两人以上同往，应使用本单位车辆。本单位车辆管理部门应保证财务部门提取现金使用车辆，提取现金在 50000 元以上时，应有保卫部门派员同往。

第二十四条 本制度禁止下列行为：

1. 超出规定范围、限额使用现金。

2. 超出核定的库存现金限额留存现金。

3. 用不符合财务会计制度规定的凭证顶替库存现金。

4. 编造用途套取现金。

5. 与其他单位间相互借用货币资金。

6. 利用账户替其他单位和个人套取现金。

7. 将公司的现金收入按个人储蓄方式存入银行。

8. 设立"小金库"或保留账外公款。

第二十五条　公司应当定期和不定期地进行现金盘点，确保现金账面余额与实际库存相符。现金盘点的方式方法见财物盘点制度。

银行存款管理

第二十六条　公司除了在本制度规定的范围内直接使用现金结算外，其他收付业务，都必须通过银行办理结算。

第二十七条　公司加强银行账户的管理，严格按照国家的规定开设和使用银行账户。

1. 公司银行账户由财务部根据需要提出，报总经理复核，经法人代表批准后，方可开设和使用。

2. 公司只开设一个基本户，不得在同一银行的不同分支机构开设银行账户。

3. 公司银行账户只供公司经营业务收支结算使用，严禁出借账户供外单位或个人使用，严禁为外单位或个人代收代支、转账套现。

第二十八条　银行账户的账号必须保密，非因业务需要不准外泄。

第二十九条　公司财务专用章和个人章由会计和出纳分别保管，不准一人统一保管使用。印鉴保管人临时出差时由其委托他人代管。按规定需要有关负责人签字或盖章的经济业务，必须严格履行签字或盖章手续。

第三十条　对外支付的大额款项，必须按照公司规定的付款程序，经各级负责人逐级审核同意后，方可办理。

第三十一条　出纳人员应该逐笔逐序登记银行存款日记账，每日终了结出余额。定期核对银行账户，每月至少核对一次，编制银行存款余额调节表，使银行存款账面余额与银行对账单调节相符。如调节不符，应查明原因，并报财务部经理处理。

第三十二条　银行存款发生收支业务时，对各项原始凭证，如发票、合同、协议和其他结算凭证等，必须由经办人签字和有关负责人审核批准，财会人员复核填制收付款凭证，财务部经理审核同意后，方可进行收付结算。

第三十三条　建立健全支票领用登记制度。财务部必须设置支票领用登记簿，登记支票领用的日期、领用人、用途、金额、限额、批准人、签发人等事项。

第三十四条　对于确实无法填写支票金额的，在签发支票时，除加盖银行预留印鉴外，必须注明日期、用途和以大写金额书写的限额，以防超限额使用或银行账户出现透支。同时还必须在签发支票时填写收款单位，个别确实无法填写收款单位的小额支票除外。

第三十五条　支票领用后，应在5天之内报销，以便财务人员及时核对银行存款。支票如在5天之内没有使用，应及时将未使用支票交回财务部。

第三十六条　公司应当严格遵守银行结算纪律，不准签发没有资金保证的票据或远期支票，不准签发、取得和转让没有真实交易和债权债务的票据。

资金报告

第三十七条　公司财务部向公司总经理及各副总经理每天上报资金流量日报表。

（一）资金流量日报表，分现金和不同银行账户报告前日余额、本日收入、本日支出、本日余额等资料（见表5-1）。

（二）银行存款支出日报表，分部门报告不同银行账号的前日累计未报销余额、本日新开额、本日报销额和本日累计未报销额，对于累计五个工作日没有报销的已开支票，要注明原因。

（三）大额收支日报表，按部门，报告银行账户、对方单位名称、收付款金额、收付款原因（见表5-2）。

第三十八条　公司财务部向公司总经理及各副总经理每月上报费用开支表。

（一）费用开支月报表，分部门、按费用项目，报告费用开支的金额，并注明各部门和各费用项目的本月合计、本年合计，与月度资金预算差异超过20%的，要注明并说明原因（见表5-3）。

（二）基建费用月报表，按不同项目，分费用类别，上报月初累计、本月发生和月末累计。

（三）资金预算执行情况分析表，按部门分析资金预算的执行情况，超出20%的差异，需要说明原因（见表5-4）。

附则

第三十九条　本制度由公司财务部拟定，报公司总经理批准后执行，解释、修改权归公司所有。

第四十条　本制度自　　年　　月　　日起执行。

表5-1　资金流量日报表

项目	前日余额	本日收入	本日支出	本日余额
现金				
银行账号1				
银行账号2				
银行账号3				

表5-2　大额收支日报表

| 项目 | 银行账号 | 对方单位 | 收支金额 | | 原因说明 |
			收入	支出	
部门1					
部门2					
项目1					
项目2					

表5-3　费用开支月报表

	部门1	部门2	部门3	部门4	合计
费用项目1					
费用项目2					
费用项目3					
费用项目4					
本月合计					
本年合计					

注：与预算相差20%以上的，要注明并说明原因。

表 5-4 资金预算执行情况分析表

	预算金额	实际支出	实际/预算	说明
部门 1				
部门 2				
部门 3				
部门 4				
合计				

5.2 财务安全担保协议书

甲方（企业）：

公司地址： 法人代表：

乙方（保管人）：

身份证号：□□□□□□□□□□□□□□□□□□

家庭住址：_____联系电话：

乙方连带责任人（担保人）：

与保管人关系：□夫妻 □父母 □兄弟姐妹 □其他 联系电话：

担保人身份证：□□□□□□□□□□□□□□□□□□

委托银行 U 盾管理：_____银行公司账户 U 盾，□制单□复核□审批

委托个人资金账户：

□_____银行卡、密码、网银 U 盾，卡号：_____，户名：_____

□_____银行卡、密码、网银 U 盾，卡号：_____，户名：_____

□_____银行卡、密码、网银 U 盾，卡号：_____，户名：_____

□_____银行卡、密码、网银 U 盾，卡号：_____，户名：_____

□_____银行卡、密码、网银 U 盾，卡号：_____，户名：_____

委托备用金账户：

□_____银行卡、密码、网银 U 盾，卡号：_____，户名：_____

根据《中华人民共和国合同法》和有关法规的规定，委托人（甲方）和保

管人（乙方）经协商一致，签订如下协议：

一、委托保管时限：_____年___月___日~_____年___月___日。

二、委托交接日期：_____年___月___日。

三、财务支出审批人（或岗位）：_____（部门）_____。

四、乙方的责任与义务：

1. 严格遵守公司的《货币资金管理制度》。

2. 严格遵照资金使用审批流程。

3. 未经审批私自取款、转账属乙方个人行为，所造成的损失乙方应双倍返还。

4. 与审批人串通私自取款、转账的，审批人及乙方均需双倍返还。

5. 银行 U 盾或卡号被盗或丢失，乙方应第一时间办理挂失，在此期间造成的损失由乙方承担。

6. 因乙方私自外借、保管不严让他人盗用，或使用过程中未亲自监察，造成的损失由乙方全权负责。

7. 有相关的协议文本且按《货币资金管理制度》规定经过审批人审批的支取情况，乙方不承担任何法律及经济责任。

8. 乙方离职后，应在离职交接单上明确交接过程，做好离职审计，并由监交人见证，签字，甲乙双方各留一份，交接后产生的任何纠纷、损失，乙方不承担任何责任。

五、连带责任的界定：乙方造成损失时，无力偿还损失部分或乙方拒绝赔偿时，担保人应无条件支付相应的赔偿，并承担相应责任。

六、争议解决：三方对因财务引起的争议可协商解决，协商不成交由甲方所在地的人民法院裁决。

七、该协议自三方签字之日起生效，共三份，三方各执一份。

甲方签章　　　　　　　　　　乙方签字　　　　　　　　　　担保签字

法人代表签字

　　　年　　月　　日　　　　　年　　月　　日　　　　　年　　月　　日

5.3　印章管理办法

制定目的

有效管理公司的各种印章，并保护公司法定权益。促使公司内各部门印章管理工作统一化、制度化。

适用范围

隶属本公司内各种印章的雕刻、申请、使用、保管、销毁等，悉依本办法所规范的体制管理。

权责单位

1. 行政部负责本办法制定、修改、废止的起草工作。
2. 总经理负责本办法制定、修改、废止的核准。

印章的种类

公章、法人章、财务章、合同专用章、发票专用章。

管理办法

1. 印章雕刻

凡本公司所属各部门对内外须使用具代表性之印章，均统一由总公司行政部门发包雕刻（公司公章、财务专用章、法人章、发票专用章均须由公安局指定的刻印雕刻）。

2. 印章管理

（1）公章、法人章、财务章均由公司股东管理，采取一章一人管理办法。

（2）为了规避用章风险，采取保管人和审批人权限分离的管理方式管理。

3. 印章之申领手续

（1）印章领用

需要使用印章的人员填写"印章使用申请单"，交由部门主管审批，由部门主管以上之人员领取，并须在"印章管理簿"上签认领用，由审批人审批后交由施印人施印。

（2）印章使用

1）对公司经营决策权有重大关联，以公司名义对政府机关、银行机构行文或对其他公司核发证明文件、盖公章及法人章，需经审批人审批后，交由两章保管人盖章。

2）公司各类规章的核决等由总经理署名及加盖法人章。

3）以公司名义于授权范围内对加盟客户签订的合同需加盖公司合同专用章的，须经总经理审批，由合同专用章保管人盖章。

4．印章使用规定

（1）凡因业务需要用印章时，申请人须填写"印章使用申请单"，由印章管理人审查核准。

（2）未经印章管理体制人核准而擅自使用印章，或实际使用之印章内容与所申请使用之内容不符者，一经发现，除依公司相关规定惩处外，情节重大者，送司法机关查办。

（3）各部门之"印章使用申请单"须依使用先后顺序编号列册，连同"印章使用登记簿"定期呈总经理核实。

（4）施印人在准备盖印之前，要从印章管理人处取出，用毕迅速归还。

印章报废

1．印章如有下列情况，应准予报废：

（1）保管遗失时。

（2）使用次数过多而损毁时。

（3）字迹不明或脱落时。

（4）因业务或工作需要换新时。

2．印章报废申请单

凡印章因上述原因须报呈销毁时，应由保管人填写"印章报呈销毁申请单"，呈主管核准后连同印章送行政部办理。

3．注意事项

（1）因报呈销毁须重发印章时，依本办法有关规定办理。

（2）印章销毁时应会同行政部经理以上主管办理。

（3）印章报呈销毁理由不实或有虚假时，一经发现，除依公司有关规定惩处外，情节重大者，将送司法机关办理。

5.4　印章保管人员担保协议书

甲方（企业）：

公司地址：　　　　　　　　　　　　法人代表：

乙方（保管人）：

身份证号：□□□□□□□□□□□□□□□□□□

家庭住址：_____联系电话：

乙方连带责任人（担保人）：

与保管人关系：□夫妻　□父母　□兄弟姐妹　□其他　联系电话：

担保人身份证：□□□□□□□□□□□□□□□□□□

委托保管印章：□公章　□财务章　□法人章　□发票章　□合同章　□_____

根据《中华人民共和国合同法》和有关法规的规定，委托人（甲方）和保管人（乙方）经协商一致，签订如下协议：

一、委托保管时限：_____年___月___日~_____年___月___日

二、印章交接日期：_____年___月___日

三、印章的使用范围：

1. 公章：以企业名义对内的发文、通知、年度计划、预算报告等日常事务文书；对政府主管部门的请示、报告、各种统计报表（月报、季报、年报）等事务文书；对外的证明、函、介绍信以及经营方面需要的证件。

2. 合同专用章：公司与他人（企业或单位）签订的生产经营、商务等业务方面与经济有关的合同，签订时必须要盖合同专用章。

3. 财务专用章：开支票或发票、收款收据、税务购票、财务报表、办理银行相关事务。

4. 法人章：开支票或发票、收款收据、税务购票、财务报表、办理银行相

关事务，注册资本变更、股权变更、迁址、歇业。

5. 发票专用章：购买发票及开具发票时使用。

四、印章使用的审批人（或岗位）：_____（部门）_____

五、乙方的责任与义务：

1. 严格遵守公司的《印章管理制度》。

2. 严格遵照印章的使用范围。

3. 未经审批使用印章的属乙方个人行为，甲方不承担任何的法律及经济责任，并保留追究的责任，所造成的损失由乙方个人承担。

4. 经过审批人审批使用的印章文件，产生的纠纷与损失由申请人和审批人各承担50%（属公司正常经营损失除外），乙方不承担任何责任。

5. 印章被盗或丢失，乙方应第一时间通知公司行政部门办理挂失，登报声明，在此期间造成的损失甲乙双方各承担50%。

6. 因乙方私自外借、保管不严让他人盗用，或使用过程中未亲自监察，造成的损失由乙方全权负责。

7. 在印章的使用范围内且按《印章管理办法》规定经过审批人审批的使用情况，乙方不承担任何法律及经济责任。

8. 乙方离职后，应在离职交接单上明确印章的交接过程，并由监交人见证，签字，甲乙双方各留一份，交接后产生的任何纠纷、损失，乙方不承担任何责任。

六、连带责任的界定：乙方造成损失时，无力偿还损失部分或乙方拒绝赔偿时，担保人应无条件支付相应的赔偿，并承担相应责任。

七、争议解决：三方对因印章使用引起的争议可协商解决，协商不成交由甲方所在地的人民法院裁决。

八、该协议自三方签字之日起生效，共三份，三方各执一份。

甲方签章　　　　　　　　乙方签字　　　　　　　　担保签字
法人代表签字
　　年___月___日　　　　年___月___日　　　　年___月___日

5.5 印章使用登记簿

表 5-5 印章使用登记簿

序号	用章日期	用章名称	用章事项	申请人	领用人	审批人	施印人

CHAPTER SIX

- 第 6 章

终 端 管 理

6.1　直营店导购薪资核算规定

表6-1　直营店导购薪资核算规定

直营店导购薪资核算规定	编　号	
	页　码	共3页 第1页

一、目的

公司快速发展壮大，新店铺不断开张，销售终端薪资体系必须跟着变化，来适应发展的要求。为了简化工资核算程序，提高工资核算的效率和准确性，故制定销售终端薪资管理制度。

二、原则

公平性：除了地区之间的差异，保证各店铺相对公平，能者多劳多得。

竞争性：提供有竞争力的整体工资水平，支持公司的快速发展。

效率性：简化并明确工资核算程序，提高工资核算的透明度，提升核算效率。

前瞻性：制度化工资核算，为公司进一步推进ERP做好准备。

三、薪资组成

应发合计＝底薪＋地区津贴＋提成＋加班工资＋福利补贴＋其他

（一）底薪

底薪分为见习导购、1星导购、2星导购、3星导购、店长助理（副店长）、见习店长、店长七个等级，相同等级全国范围内统一，只在年度工资调整时统一调整。

区分	见习导购	1星导购	2星导购	3星导购	店长助理（副店长）	见习店长	店长
底薪	600元	800元	900元	1000元	1100元	1200元	1500元

方案试运行月份，所有转正导购按1星计算，未转正导购按见习导购计算。

区分	见习导购	1星导购	2星导购	3星导购
标准	新招导购（工作满3个月或个人月销售达到3万元可转为1星）	月销售4万元以下	月销售4万~5.5万元（不含5.5万元）	月销售5.5万元以上

新方案正式实施后，导购每半年评一次，根据前6个月平均销售进行考评，上下调整星级。新进导购第一次考评不受半年时间之限制，新任店长前3个月为见习期，3个月后由培训师进行评定是否升任正式店长。

（二）地区津贴

地区津贴根据各地平均工资水平核定。一个城市一种津贴标准，一经核定一般不予调整。新城市新开店可参照同档城市的基准，报人事主管批准后实施。年标准暂定为：

城市	泰安						
标准	600元						

（三）提成

提成方式分3种情况：

第1种：导购级别（包括见习导购和小型店店助），按个人销售提成，根据店铺规模（3~5人编制、6~8人编制、9人编制以上），分为2.2%、2.5%及3.4%三个档次，比例跟销售目标完成情况挂钩。

第2种：店助级别（9人制以上的店），根据班组提成，比例跟销售目标完成情况挂钩。

第3种：店长级别，按店总销售提成，比例跟销售目标完成情况挂钩，按照店铺类型及店铺规模来划分具体比例。

以上所指店在编人数，一般指直接参与销售人员，具体由终端营业部及人事主管核定。

（续）

直营店导购薪资核算规定	编号	
	页码	共3页 第2页

特殊情况：新开店铺特殊对待。

百货店：3个月培养期，给定销售指标，如果没有完成则按指标额度的100%计算提成。提成比例：导购为个人目标2.2%，店助为班组目标的0.8%，店长为店总目标的0.6%。

专卖店和商场店：租金50万元以下——3个月培养期，50万元至100万元——3~6个月培养期，100万元以上——3~9个月培养期。个案公司会视具体情况而定。提成比例：导购为个人目标2.2%，店助为班组目标的0.8%，店长为店总目标的0.55%。

明细见表：

区分		提成方式	培养期标准	正常标准		
				3~5人制	6~8人制	9人制以上
导购		个人销售	2.2%（按指标）	2.20%	2.20%	3.40%
店助/主管		个人销售或班组销售	0.8%（按指标）	同导购，按个人销售提成		0.90% 完成100%~110%，按正常标准提成，未完成目标，按正常标准90%提成；超过110%按正常的110%提成
店长	专卖店及商场店	店总销售	0.55%（按指标）	0.80%	0.70%	0.55%
				完成100%~110%，按正常标准提成；未完成目标，按正常标准90%提成；超过110%按正常标准的110%提成		
	百货店	店总销售	0.6%（按指标）	0.70%	0.65%	0.60%
				完成100%~110%，按正常标准提成；未完成目标，按正常标准90%提成；超过110%按正常标准的110%提成		

9人制以上（含9人）的店铺，店助提班组提成，店助本人的销售不得分摊到班内导购。

促销期间的提成参照2018年11月1日制发的《驻外导购工资计算补充》相关条款。

（四）加班工资

加班工资核算参照2018年11月1日制发的《驻外导购工资计算补充》相关条款。

（五）福利补贴

餐贴，150元/人/月（已实行账扣的店铺不再额外发放）。

节假日补贴：中秋节、元旦50元/人；劳动节、国庆节200元/人；春节300元/人。

（六）其他

其他根据公司有关规定需要从工资支付的项目。

四、激励奖

终端营业部具体实施、评审和发放，人事主管进行监督，不列入工资项目，包括周奖励、月奖励、节假日奖、高单奖等。

（续）

直营店导购薪资核算规定	编号	
	页码	共3页 第3页

五、社会福利

根据国家法律规定为员工提供相关法定福利。

参保方式：按照福利本地化原则，有分公司有条件在当地参保的，由分公司负责当地交纳操作，人力资源部统一管理；其他员工在总部投保，或者由其本人在当地以个体身份投保，公司予以补贴（需要本人申请）。具体规定见《店铺社会保险管理规定》《社会保险管理规定》。

六、个人所得税

2020年6月开始，导购按照国家税法规定计征个人所得税，公司代扣代缴。

七、实施时间

2018年10月实施。

编制部门		审核部门		批准人	
编制日期		审核日期		批准日期	

6.2 直营终端人力资源管理流程

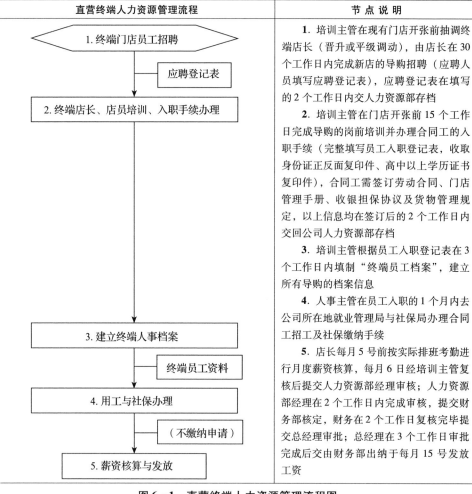

图6-1 直营终端人力资源管理流程图

备注说明：
1. 下一级是上一级的监督方，若未履行监督责任按照上一级处罚标准承担连带处罚责任。
2. 门店开张前30个工作日内培训主管未完成门店店长、导购招聘的处以100元/人的罚款。
3. 应聘登记表回公司第一时间交予人事主管存档，未及时存档或未存档者处以20元/份的罚款。
4. 员工入职登记表、身份证复印件、门店管理手册、收银担保协议、货物管理规定，以上内容未完成一项处以20元罚款，未存档一项处以20元罚款。
5. "终端员工档案"未按时录入的将处以20元/次的罚款，人事主管抽查培训主管未建立门店员工档案的，将处以100元/次的罚款。
6. 人事主管未在1个月内办理社保手续的处以20元/次的罚款。
7. 三部门未按时间节点进行薪酬计算、复核、核发的，处以20元/次的罚款。

6.3 门店月度绩效汇总表

表6-2 _____门店（ ）月度绩效汇总表

导购姓名																					
联系方式																					
日期	手机					手机					手机					手机					手机
	进店人数	试穿人次	购买人数	购买件数	总金额	进店人数	试穿人次	购买人数	购买件数	总金额	进店人数	试穿人次	购买人数	购买件数	总金额	进店人数	试穿人次	购买人数	购买件数	总金额	进店人数	试穿人次	购买人数	购买件数	总金额
29																					
30																					
31																					
1																					
2																					
3																					
4																					
5																					
6																					
7																					
8																					
9																					
10																					
11																					
12																					
13																					
14																					
15																					
16																					
17																					
18																					
19																					
20																					
21																					
22																					
23																					
24																					
25																					
26																					
27																					
28																					
小计	0	0	0	0	0	0	0	0	0	0	0	0	0	0	0	0	0	0	0	0	0	0	0	0	0

6.4 直营网点开业前后分工流程

分工流程	节点说明
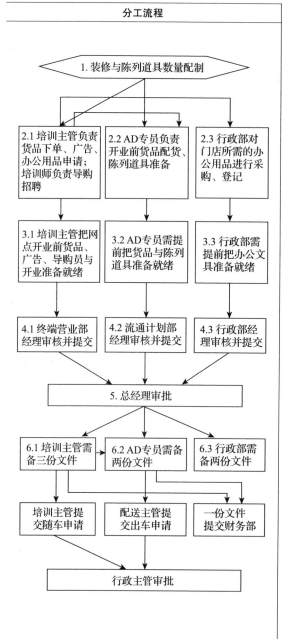	1. 培训主管负责开业前项目（平面图、效果图、面积、店铺陈列道具数量等2份文件分别交给终端经理、流通经理），开业前10天提交 2.1 培训主管负责开业前的配置： A. 店铺广告与导购员（培训师或商场提供） B. 向行政部提交店铺办公用品的申请 C. 计算出店铺有多少个SKU、备货及下单提交AD专员配货，开业前7天完成 2.2 仓储主管负责商品配置与全部陈列道具配置，开业前7天完成 2.3 行政主管对店铺所需的办公用品进行采购，开业前7天完成 3.1 培训主管准备好广告、导购员与开业时间，开业前6天完成 3.2 仓储主管准备好货品与店铺陈列道具，开业前6天完成 3.3 行政部准备好店铺办公用品，开业前6天完成 4.1 终端营业部经理对培训主管提交的材料（广告、导购员、开业时间）进行审核，开业前5天半完成 4.2 流通计划部经理对AD专员提交材料（货品、陈列道具进行）进行审核，开业前5天半完成 4.3 行政部经理对提交店铺办公文具用品进行审核，开业前5天半完成 5. 总经理对以上提交的店铺文件进行审批并下达到各部门执行，开业前5天完成 6.1 培训主管需备三份文件分别提交（流通部门、财务部与终端部门各1份），开业前4天半完成 6.2 流通计划部需备两份文件分别提交财务部与本部门留一份，开业前4天半完成 6.3 配送主管与终端部门提交出车申请给行政主管审批，开业前4天完成

图6-2 直营网点开业前后分工流程图

6.5 装柜工作流程

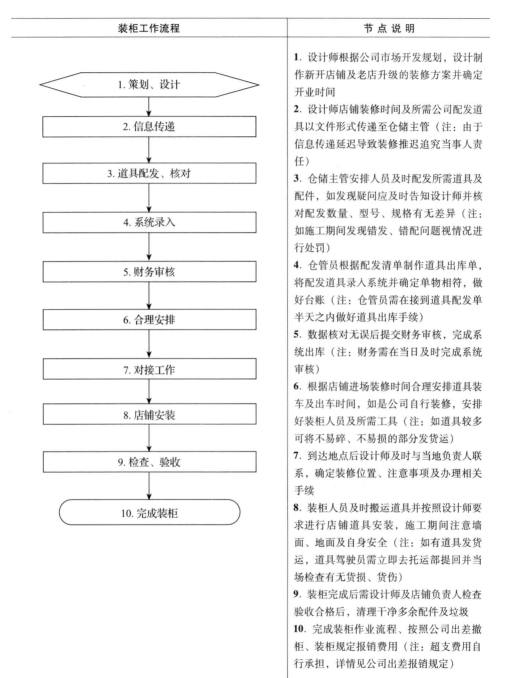

装柜工作流程	节点说明
1. 策划、设计 2. 信息传递 3. 道具配发、核对 4. 系统录入 5. 财务审核 6. 合理安排 7. 对接工作 8. 店铺安装 9. 检查、验收 10. 完成装柜	**1**．设计师根据公司市场开发规划，设计制作新开店铺及老店升级的装修方案并确定开业时间 **2**．设计师店铺装修时间及所需公司配发道具以文件形式传递至仓储主管（注：由于信息传递延迟导致装修推迟追究当事人责任） **3**．仓储主管安排人员及时配发所需道具及配件，如发现疑问应及时告知设计师并核对配发数量、型号、规格有无差异（注：如施工期间发现错发、错配问题视情况进行处罚） **4**．仓管员根据配发清单制作道具出库单，将配发道具录入系统并确定单物相符，做好台账（注：仓管员需在接到道具配发单半天之内做好道具出库手续） **5**．数据核对无误后提交财务审核，完成系统出库（注：财务需在当日及时完成系统审核） **6**．根据店铺进场装修时间合理安排道具装车及出车时间，如是公司自行装修，安排好装柜人员及所需工具（注：如道具较多可将不易碎、不易损的部分发货运） **7**．到达地点后设计师及时与当地负责人联系，确定装修位置、注意事项及办理相关手续 **8**．装柜人员及时搬运道具并按照设计师要求进行店铺道具安装，施工期间注意墙面、地面及自身安全（注：如有道具发货运，道具驾驶员需立即去托运部提回并当场检查有无货损、货伤） **9**．装柜完成后需设计师及店铺负责人检查验收合格后，清理干净多余配件及垃圾 **10**．完成装柜作业流程、按照公司出差撤柜、装柜规定报销费用（注：超支费用自行承担，详情见公司出差报销规定）

图 6-3 装柜工作流程图

6.6 撤柜工作流程

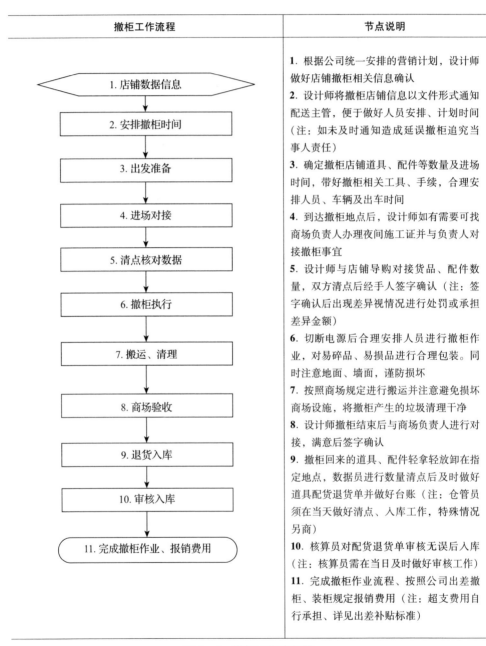

图6-4 撤柜工作流程图

6.7 门店装修及道具供应流程

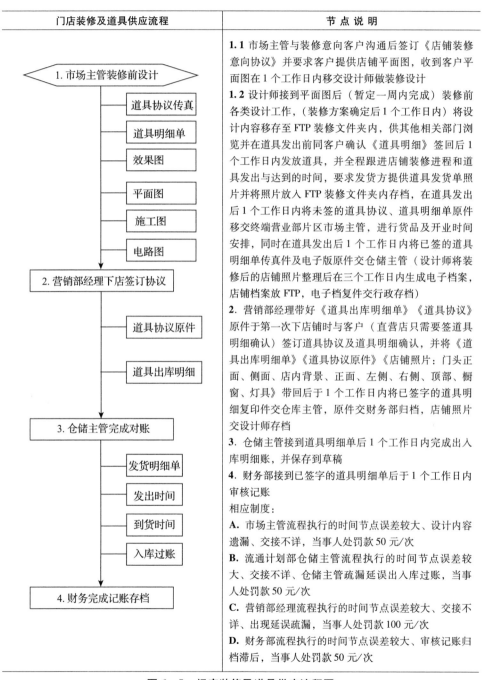

图 6-5 门店装修及道具供应流程图

6.8 广告申请单

表6-3 广告申请单

申请人： 需求时间： 年 月 日 填表时间： 年 月 日

店名	项目（材料）	尺寸（厘米）		数量	品牌	品类	张贴位置	备注
		高	宽					

客户详细邮寄地址：
配送及运输方式：
客户姓名： 客户电话： 传真：
部门经理审核： 总经理批准：

6.9 VIP登记册

表6-4 VIP登记册

属地			经销商		VIP客户信息								照片文件
省份	市	县	姓名	手机	VIP姓名	卡号	出生年份	月份	日期	手机	EMail	家庭住址	文件名／链接

6.10 终端服务确认函

表6-5 终端服务确认函

档案编号：

终端名称：		负责人：		类型：□直营 □经销 □联营 □代理 □联盟	

沟通、服务或培训内容简述：

月　　日

仍存在的问题 （需提供的支持）				
问题解决办法 （支持落实部门）				
相关附件	录音文件名称	图片包名称	文档文件名称	其他形式

为使我们加强终端服务管理，提高服务水平，烦请给我们一个漂亮的签名！

店长	导购员	导购员	导购员	相关人员

6.11 终端服务回访单

表6-6 终端服务回访单

档案编号：

终端名称：		受访人：		类型：□直营 □经销 □联营 □代理 □联盟	
服务人员信息		（部门）　　（岗位）　　（姓名）　　（手机）			

为了提高我们的服务水平和支持力度，想占用您几分钟时间，向您了解一下我们工作人员到店里服务的情况

服务态度	□非常好（100分）		□还不错（80分）	□有待改进（60分）	
进店时间	月　　日　：00		离开时间	月　　日　：00	
有没有盘点进销存	□有	□没有	有没有进行市场调研	□有	□没有
是否有进行陈列调整	□有	□没有	客流和同业调查是否准确	□准确	□不准确
有没有进行场地布局调整	□有	□没必要	有没有销售技巧培训	□有	□没有
和商场协商解决问题	□有	□没必要	服务确认函内容是否准确	□准确	□不准确
还有什么问题需要我这边帮您落实的？					

回访人签名：

年　月　日　：00

6.12 终端销售业绩汇总流程

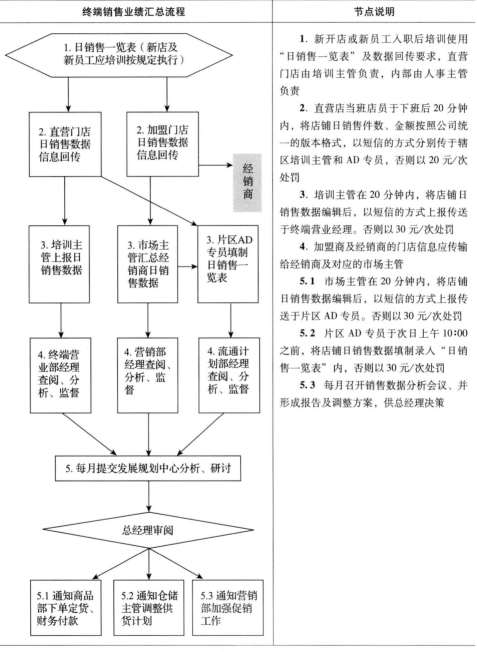

图 6-6　终端销售业绩汇总流程图

CHAPTER SEVEN

• 第 7 章

直营店管理套表

7.1 店长岗位变动表

表 7-1 店长岗位变动表

店铺名：_____

原店长			拟任店长	
原店长变动后安置方案				
变动申请日			变动生效日	
原店长变动类型	升职	调任	降职	其他

拟任店长主要介绍：（年龄/性格特点/精彩经历） 婚育状况：

变动原因	

督导意见：

签名：
日期：

大区经理批示：	营销总监批示：
签名：	签名：
日期：	日期：

7.2 店长能力分析表

表7-2 店长能力分析表

大区	店长	能力	评分	综合得分	结果评核标准
		业务能力（50分）	30		高（独当一面）（90分以上）
		执行力/协作力（30分）	20	65	中（可正常操作）（76~90分）
		心态（20分）	15		低（需指导）<75分
		业务能力（50分）			高（独当一面）（90分以上）
		执行力/协作力（30分）			中（可正常操作）（76~90分）
		心态（20分）			低（需指导）<75分
		业务能力（50分）			高（独当一面）（90分以上）
		执行力/协作力（30分）			中（可正常操作）（76~90分）
		心态（20分）			低（需指导）<75分
		业务能力（50分）			高（独当一面）（90分以上）
		执行力/协作力（30分）			中（可正常操作）（76~90分）
		心态（20分）			低（需指导）<75分
		业务能力（50分）			高（独当一面）（90分以上）
		执行力/协作力（30分）			中（可正常操作）（76~90分）
		心态（20分）			低（需指导）<75分
		业务能力（50分）			高（独当一面）（90分以上）
		执行力/协作力（30分）			中（可正常操作）（76~90分）
		心态（20分）			低（需指导）<75分
		业务能力（50分）			高（独当一面）（90分以上）
		执行力/协作力（30分）			中（可正常操作）（76~90分）
		心态（20分）			低（需指导）<75分
		业务能力（50分）			高（独当一面）（90分以上）
		执行力/协作力（30分）			中（可正常操作）（76~90分）
		心态（20分）			低（需指导）<75分
		业务能力（50分）			高（独当一面）（90分以上）
		执行力/协作力（30分）			中（可正常操作）（76~90分）
		心态（20分）			低（需指导）<75分
		业务能力（50分）			高（独当一面）（90分以上）
		执行力/协作力（30分）			中（可正常操作）（76~90分）
		心态（20分）			低（需指导）<75分

7.3　店长/店助合同评核表

表7-3　店长/店助合同评核表一

姓名		职员代码		工作岗位	
店铺名称		店铺代码		入职日期	
上一合同期限或试用期限	自___年___月___日至___年___月___日				

自我评价

综合评价自己上一合同期限或试用期间的3个优点与3个缺点：

员工：　　　　　日期：

所属督导总评价

总评价：

考核分类	标准得分	综合得分	得分率	优先改善顺序
企业文化	5			
货品管理	15			
VIP管理	30			
陈列管理	10			
销售管理	30			
人员管理	10			
得分汇总	100			

级别分类：　　优秀≥90　　80≤合格<90　　不合格<80
考评结果：　　□ 优秀，建议签订合同___年。
　　　　　　　□ 合格，建议签订合同___年。
　　　　　　　□ 不合格，建议转岗任用，并签合同___年。
　　　　　　　□ 不合格，结束聘用。
请指出该员工优、缺点并提出具体改进建议：

督导：
日期：

审批	大区经理：	营销总监：
	日期：	日期：

表 7-4　店长/店助合同评核表二

分类	店长/店助考核内容	标准分值	得分
企业文化	1. 深刻理解企业文化、品牌定位、风格及品牌发展方向	2.5	
	2. 熟悉《员工手册》《店长手册》《导购手册》，熟知作为公司员工的权利及义务	2.5	
	得分小计	5	
货品管理	1. 督促并维护好货品专管员的工作职责，常规性检查其工作状况	3	
	2. 常规性检查员工对产品的款式、款号、品种、品质和价格等熟悉程度	2	
	3. 确保月报、周报做到账实相符，每月货品盘点及时、准确	2	
	4. 监督员工清楚店铺和公司单月销售排名前 50 的款式，并作出相应调整	3	
	5. 能在畅销款式断码时，带领员工灵活地推进滞销款及尺寸齐全款的销售	3	
	6. 监督卖场和仓库的整洁工作，仓库货品的合理摆放	2	
	得分小计	15	
VIP 管理	1. 督促员工对公司 VIP 顾客制度的全面了解及熟悉	2	
	2. 督促并维护好 VIP 专管员的工作职责，常规性检查其工作状况	5	
	3. 督促并维护好店铺导购个人 VIP 的执行情况并做好常规性检查	5	
	4. 督促并维护好店铺所有 VIP 顾客的积分，兼顾公平公正	5	
	5. 常规性检查导购与 VIP 的沟通记录，对员工及顾客负责	5	
	6. 清楚单月 VIP 顾客消费额占当月总业绩的比率	3	
	7. 清楚单月黄金 VIP 顾客的消费占当月 VIP 总消费的比率	3	
	8. 有技巧地帮助导购处理顾客投诉，主动及时向上级汇报情况，并做好记录	2	
	得分小计	30	
陈列管理	1. 督促并维护好陈列专管员的工作职责，常规性检查其工作状况	2	
	2. 能够带领导购理解公司每季货品陈列意图，并能根据实际情况做适合店铺的调整	2	
	3. 能够掌控好店铺货品整体布量，陈列应有针对性	1	
	4. 陈列店铺时能做到整体形象统一、有质感；橱窗、点挂等陈列要做到及时、灵活、标准化	2	
	5. 督促员工熟悉每季产品系列，产品搭配及卖点，并有随岗辅导练习	2	
	6. 有较强的责任心，能够及时发现陈列的细节问题，督促员工进行调整	1	
	得分小计	10	

（续）

分类	店长/店助考核内容	标准分值	得分
销售管理	1. 监督并维护好导购的顾客接待工作，做到迎送宾大方得体、用语整体统一	3	
	2. 接待顾客热情主动，有较强的亲和力，准确揣摩顾客心理，能有重点地向顾客介绍产品	2	
	3. 对专业开场白技巧、询问技巧及处理顾客反馈意见技巧等模板的操作工作进行常规性演练及检查	8	
	4. 店长自身有较强的审美意识、搭配意识，常规性带领导购进行货品搭配，提升美感	2	
	5. 对VIP顾客非常了解及熟悉，能够成功地为VIP顾客推荐适合的产品，提高成交率	2	
	6. 常规性检查导购的销售技巧及货品构图能力，提升导购专业销售技能	8	
	7. 每个自然月均能完成公司下达给店铺的销售任务	2	
	8. 及时反馈顾客需求、销售信息、市场行情分析，并能提出经营状况的合理化建议	3	
	得分小计	30	
人员管理	1. 爱护下属、激励下属；处事公正、亲力亲为；有较强的责任心和敬业心	2	
	2. 带领导购理解并遵守公司各项规章制度，新员工的宣导工作在一星期内完成	2	
	3. 善于调整团队人际关系，整体氛围融洽；与商场的沟通自然和谐	2	
	4. 全力维护公司利益，严守公司商业机密（价格、销售额、政策导向、产品预测）	2	
	5. 顾全大局，服从公司调配人员的安排；灵活处理工作中的各项突发事件	2	
	得分小计	10	
	得分合计	100	

7.4 店长/店助休假申请表

表 7-5 店长/店助休假申请表

职员姓名			职员代码				所属店铺		
休假类型及时间	病假		年	月	日	~	年	月	日
	事假		年	月	日	~	年	月	日
	婚假		年	月	日	~	年	月	日
	产假		年	月	日	~	年	月	日
	丧假		年	月	日	~	年	月	日
	工伤假		年	月	日	~	年	月	日
事由描述									
证明材料描述									

督导意见：

签名：
日期：

大区经理批示：	营销总监批示：
签名： 日期：	签名： 日期：

注：店长、代店长、主管、店助请假 3 天内的审批到督导，3 天以上（含 3 天）的审批到营销总监。

7.5 店助岗位变动申请表

表7-6 店助岗位变动申请表

店铺名：_____

原店助			拟任店助	
原店助变动后安置方案				
变动申请日			变动生效日	
原店助变动类型	升职	调任	降职	其他

拟任店助主要介绍：（年龄/性格特点/精彩经历）　　婚育状况：

变动原因	

督导意见：

签名：
日期：

大区经理批示：	营销总监批示：
签名： 日期：	签名： 日期：

7.6 导购合同评核表

表7-7 导购合同评核表一

姓名		职员代码		工作岗位	
店铺名称		店铺代码		入职日期	
上一合同期限或试用期限	自____年____月____日至____年____月____日				
自我评价	综合评价自己上一次合同期间或是试用期间的3个优点与3个缺点： 员工：　　　　日期：				
所属店长总评价	总评价： {考核表} 级别分类：　优秀≥90　　80≤合格＜90　　不合格＜80 考评结果：　□优秀，建议签订合同____年。 　　　　　　□合格，建议签订合同____年。 　　　　　　□不合格，结束聘用。 请指出该员工优、缺点并提出具体改进建议： 店长： 日期：				
审批	督导： 日期：			大区经理： 日期：	

总评价表格：

考核分类	标准得分	综合得分	得分率	优先改善顺序
企业文化	5			
货品管理能力	15			
VIP管理能力	30			
陈列管理能力	10			
销售技能	30			
心态与纪律	10			
得分汇总	100			

表7-8 导购合同评核表二

分类	导购员考核内容	标准分值	得分
企业文化	1. 深刻理解企业文化、品牌定位、风格及品牌发展方向	2.5	
	2. 熟悉《员工手册》《店长手册》《导购手册》，熟知作为公司员工的权利及义务	2.5	
	得分小计	5	
货品管理能力	1. 熟悉产品款式、款号、品种、品质和价格等基础知识（熟悉度90%以上）	3	
	2. 熟悉公司各项销售政策和退换条件	2	
	3. 收银规范准确，无差错，电脑输入准确及时（进度表、报表等能够准确及时呈报）	2	
	4. 清楚店铺单月销售排名前20名、公司单月销售排名前30名的款式	3	
	5. 能在畅销款式断码时，灵活地推进滞销款及尺寸齐全款的销售	3	
	6. 确保卖场整洁，仓库整齐、干净，货品摆放有条理、便于寻找	2	
	得分小计	15	
VIP管理能力	1. 对公司VIP顾客制度的全面了解及熟悉	2	
	2. 确保新办VIP顾客的维护及跟进工作（办理、细节特征记录、电话沟通、卡号告知、积分累积）	5	
	3. 做好店铺VIP顾客电话、短信渠道的常规沟通工作（节假日、生日、新款上市、促销等），并有记录	5	
	4. 清楚店铺内黄金VIP顾客的积分（已满或将满积分），并做好相应维护及沟通工作	5	
	5. 清楚单月导购个人VIP顾客消费额占导购个人业绩的比率	5	
	6. 顾客信息及资料变更时，收集的及时、准确性	2	
	7. 有技巧地处理顾客投诉，并主动及时向上级汇报情况，做好记录	3	
	8. 对个人VIP管理、店铺VIP管理工作始终能坚持不懈的努力维护及沟通	3	
	得分小计	30	
陈列管理能力	1. 能够完全理解公司每季陈列意图，并能根据实际情况做适合店铺的调整	2	
	2. 熟悉每季产品系列，产品搭配及每个卖点	2	
	3. 对于店铺货品整体布量清楚，陈列有针对性	2	
	4. 陈列店铺时能做到整体形象统一、有质感；橱窗、点挂等陈列要做到及时、灵活性、标准化	2	
	5. 有较强的责任心，能够及时调整陈列细节问题（褶皱、扣子未扣、拉链未拉等）	2	
	得分小计	10	
销售技能	1. 迎宾、送宾时礼貌周到、热情得体，用语整体统一，体现品牌文化	3	
	2. 接待顾客热情主动，有较强的亲和力，准确揣摩顾客心理，能重点地向顾客介绍产品	3	

(续)

分类	导购员考核内容	标准分值	得分
销售技能	3. 能规范准确地运用专业的开场白技巧．询问技巧及处理顾客反馈意见的技巧	8	
	4. 导购自身有较强的审美意识、搭配意识，能在第一时间推荐给顾客喜欢的产品	3	
	5. 对VIP顾客非常了解及熟悉，能够成功地为VIP顾客推荐适合的产品，增加成交率	3	
	6. 能熟练运用销售技巧、在销售中融入构图技巧，并能够形成持续连贯的销售风格	8	
	7. 每个自然月均能完成公司下达给自己的个人销售任务	2	
	得分小计	30	
心态与纪律	1. 能服从领导分配，很好地配合其他店员工作，有团队协作意识	2	
	2. 顾全大局，服从公司调配人员的安排	2	
	3. 遵守理解公司制度，规定及操作规程	2	
	4. 全力维护公司利益，严守公司商业机密（价格、销售额、政策导向、产品预测）	2	
	5. 处理好同事间产生的矛盾，能顾全大局，及时调节好心态	2	
	得分小计	10	
	得分合计	100	

注：扣分标准以0.5为一个基数。

7.7 导购星级调整表

表7-9 导购星级调整表

店铺名称	店铺代码	姓名	职员代码	入职日期	1月个人销售	2月个人销售	3月个人销售	4月个人销售	5月个人销售	6月个人销售	星级
示例：嘉兴旗舰店	6000	***	****	2007—2—1		68000	70000	50000	50000	43555	一星

7.8 职位申请表一

表 7-10 职位申请表一

申请职位：_____ 店铺名称：_____ 申请日期： 年 月 日

姓 名		性 别		民 族		出生日期	
籍 贯		户籍派出所		户口性质		健康状况	
政治面貌		婚姻状况				身 高	
文化程度		所学专业				技术职称	
家庭地址						邮政编码	
身份证号码						联系电话	
银行卡号						银行卡号为发放工资所用，请务必使用本人身份证办理的银行卡，并确保填写准确（个人需承担填写错误造成的责任）	

求学经历	起止年月	学校名称	所学专业

工作经历	起止年月	工作单位	部门及职位	月薪	离职原因

外语语种		外语掌握程度		计算机熟练程度	

家庭成员	姓名	与本人关系	工作单位	职务	电话

（续）

何时何地受过何种奖励、处分				个人特长	
				自我鉴定	
能否出差		能否加班		解决住宿否		期望月薪	

本人保证以上所填各项资料均属事实并同意公司对上述情况进行调查。若有不实或虚构，愿无条件接受取消应聘资格或接受雇用后作除名处分。由此引发的各种后果均由本人承担。

申请人签名：

面试负责人评价	仪容仪表	工作经验	工作能力	工作心态
	面试意见及试用工资：			
	负责人签名：			

7.9 职位申请表二

表7-11 职位申请表二

一寸照片1 粘贴处	一寸照片2 粘贴处	一寸照片3 粘贴处	一寸照片4 粘贴处

身份证复印件正面粘贴处

身份证复印件背面粘贴处

7.10 辞退申请书

表 7-12 辞退申请书

姓名：	店铺名称：		岗位：
入职日期：		拟辞退日期：	

请叙述辞退的理由：
销售能力差□　　团队关系不融合□　　心态差□　　私人原因严重影响工作□　　执行力差□
私取赠品或是账目问题□
其他＿＿＿＿＿＿＿＿＿＿□

　　　　　　　　　　　　　　　　　　　　　　　　　　店长签名：　　　　日期：

辞退原因：

结论：□同意辞退　　最后工作日：＿＿＿年＿月＿日
　　　　□暂缓辞退
　　　　□其他

　　　　　　　　　　　　　　　　　　　　　　　　　　督导签名：　　　　日期：

辞退回执

结论：

人事专员意见：	大区经理意见：	部门总监意见（店助以上人员辞退需填）：
签名： 日期：	签名： 日期：	签名： 日期：

注：1. 最后工作日由督导填写，应遵照公司的规定或双方的协议，辞退正式员工需提前1个月以此表形式书面向公司申请，辞退试用期员工提前3天申请，申请方收到该辞退申请回执后，方可辞退该员工。
2. 此申请表经各审批层级审批后方可辞退员工。

7.11 离职申请表

表 7-13　离职申请表

姓名：	店铺名称：	岗位：

入职日期：　　　　　　　　　　　　　　拟离职日期：

请叙述离职的理由：
　　另谋发展□　　家庭原因□　　身体原因□　　学习深造□　　与上司关系不佳□　　服役□
　　工资无竞争力□　　工作时间长□　　工作压力大□　　条件差、强度大□
　　公司解除□　　旷工解除□　　个人终止□　　公司终止□
　　其他_____□

　　　　　　　　　　　　　　　离职员工签名：　　　　　　日期：

离职原因：

结论：

　　　　最后工作日：　　　　　　　店长签名：　　　　　　日期：

离职原因：

结论：□允许离职　　最后工作日：___年__月__日
　　　□暂缓离职
　　　□其他

　　　　　　　　　　　　　　　　　督导签名：　　　　日期

人事专员意见：	大区经理意见：	部门总监意见（店助以上人员离职需填）：
签名： 日期：	签名： 日期：	签名： 日期：

注：1. 最后工作日由督导填写，应遵照公司的规定或双方的协议，正式员工需提前 1 个月以此表形式书面通知公司其辞职决定。
　　2. 此申请表经各审批层级审批后员工方可离职。

7.12 导购休假表

表7-14 导购休假表

职员姓名			职员代码			所属店铺		
休假类型及时间	病假		年	月	日 ~	年	月	日
	事假		年	月	日 ~	年	月	日
	婚假		年	月	日 ~	年	月	日
	产假		年	月	日 ~	年	月	日
	丧假		年	月	日 ~	年	月	日
	工伤假		年	月	日 ~	年	月	日
事由描述								
证明材料描述								

店长意见：

签名：
日期：

督导批示：	大区经理批示：
签名： 日期：	签名： 日期：

注：导购请假3天以内的审批到店长，3天以上（含3天）审批到大区经理。

7.13 调（离）职移交表

表 7-15 调（离）职移交表

姓名：		入职日期：	
店铺：		申请调（离）职日期：	

调（离）职原因：

移交事项	移交情况	接收人签字	监交人/上级领导签字	备注
● 备用金				
● 工作资料、文件交接				
● 工作服				
● 电脑、扫描枪				
● 数码相机				
● 文具、计算器				
● 钥匙				
● 保险箱密码				
● 印章				
● 三证				
● 其他				

我确认上述手续已完成。

调（离）职人员签字： 日期：

确认上述手续已完成。

上级领导签字： 日期：

注：此表在上一级领导协助下进行，由上一级领导对此负责。备用金转移以此单为依据。
店员上级领导：店长　　店长上级领导：督导　　督导上级领导：大区经理

7.14 终端人员调（离）职移交清册

表 7-16　终端人员调（离）职移交清册

姓名：		入职日期：	
店铺：		申请调（离）职日期：	

调（离）职原因：

移交事项	移交情况	接收人签字	监交人/上级领导签字	备注
● 备用金				
● 截止移交日货款状况				
● 工作资料、文件交接				
● 工作服				
● 电脑、扫描枪				
● 数码相机				
● 文具、计算器				
● 钥匙				
● 保险箱密码				
● 印章				
● 三证				
● 其他				

我确认上述手续已完成。

调（离）职人员签字：　　　　　　　　　　　　　　　　　　　　日期：

确认上述手续已完成。

上级领导签字：　　　　　　　　　　　　　　　　　　　　　　　日期：

注：此表在上一级领导协助下进行，由上一级领导对此负责。备用金转移以此单为依据。
店员上级领导：店长　　　　店长上级领导：督导　　　　督导上级领导：大区经理

7.15 暂居外地人员就医申报表

表7-17 暂居外地人员就医申报表

单位名称：（章）　　　　　　　　　　　　　　　　　　单位编号：

姓名		性别		身份证号			
医疗保险号			人员类型			年 龄（周岁）	
暂居地详细地址						邮政编码	
暂居地联系人		与本人关系		联系人单位		联系人电话	
其他联系人		与本人关系		其他联系人单位		其他联系人电话	
暂居当地定点医疗机构名称及等级			等级：			（医院等级请医保机构填写）暂居地医保经办机构盖章 　　　　　　　年　月　日	
			等级：				
			等级：				
			等级：				
申请暂居外地理由及起始、终止日期	理由： 外出时间：　　　年　月　日～　　　年　月　日 　　　　　　　　　　　　　　　　　申请人：　　　年　月　日						
暂居地派出所居住证明	 　　　　　　　　　　　　　　　　　　　　　　（盖章） 　　　　　　　　　　　　　　　　　　　　　年　月　日						
市医保经办机构审核意见	 　　　　　　　　　　　　　　　　　　　　　　（盖章） 　　　　　　　经办人：　　　　　　　　　　年　月　日						
单位经办人：		联系电话：		填报日期：		年　月　日	

7.16 个税申报表

表7-18 个税申报表

证件类型	证件类别	职员代码	姓名	国家	性别	出生日期	住所地址	邮编	学历	人员类别	职业	职务

注：证件类别填写完整，住所地址和邮编都按证件上的填写，表格内资料都要填写正确。
1. "证件类别"请选择相应代码填入：10—身份证，20—护照，30—军官证，40—士兵证，50—回乡证，60—户口本，90—其他证件；
2. "国家"请选择相应代码填入：156—中国；
3. "性别"请选择相应代码填入：TRUE—男，FALSE—女；
4. "出生日期"请选择相应代码填入：按年一月一日，如:1971-12-2；
5. "学历"请选择相应代码填入：1—小学，2—初中，3—高中，4—中专，5—大专，6—大学，7—硕士研究生，8—硕士研究生，9—博士研究生；
6. "人员类别"请选择相应代码填入：101—企业负责人，102—部门负责人，103——般员工，104—企业其他；
7. "职业"请选择相应代码填入：4—企事业单位的管理人员，董事会成员和监事；
8. "职务"请选择相应代码填入：11—总工，25—主任，27—科长，40—普通职员，51—董事长，52—副董事长，53—总经理，54—副总经理，55—厂长，56—副厂长，57—董事，58—监事，99—其他。